Saint Jacques... La Mecque

Coline Serreau

Saint Jacques... La Mecque

Roman

Flammarion

ISBN : 2-08-068487-6

Aube, bord de mer. Ciel rose, franges d'écume cousues sur l'eau encore sombre. Toute cette beauté pour personne.

Ça dort partout.

Un pas, loin.

Un pied après l'autre s'avance vers une boîte jaune à lettres posée là près de la plage. En saison, boîte prête à recevoir les cartes postales des vacanciers, hors saison, hors sujet, courrier ne vient jamais jusqu'à elle. Sauf aujourd'hui. Les pas approchent, une main ridée, fatiguée, à taches brunes et veines saillantes glisse dans la boîte trois lettres bordées de noir, comme on n'en fait plus, lettres de faire-part, faire part à ces trois-là que... du noir.

Les pas repartent, loin.

Les lettres attendent, tapies au fond de la boîte.

Le silence éclate.

La mer devient rose à son tour, pour personne, les nuages floconnent, cachant le soleil de ce jour, encore doux, encore doré.

La jaune voiture de Poste déboule, freine grave devant la jaune boîte, pas de temps à perdre les loulous, beaucoup, beaucoup de boîtes à relever ce matin, on ne rigole pas avec le retard à la Poste.

Y a jamais de lettres dans cette boîte, hors saison.

Tiens, si, trois lettres, j'hallucine se dit la postière, et hop s'engouffre dans la Renault jaune bas de gamme, et hop file vers d'autres cieux, d'autres boîtes, le centre de tri, les collègues, toute une vie nom de Dieu...

Vide la jaune boîte, maintenant.

Vidée des trois messages noirs.

Les lettres ont rejoint la Poste de la ville, sont emportées dans le ruisseau du courrier départemental, pour aller se jeter dans la rivière de celui de la région qui bouillonne à son tour vers le fleuve national des précieux plis qu'envoient quotidiennement des Français à d'autres Français...

Milliards de lettres partent, reviennent, de nuit, de jour, en TGV, en vélo, en chariots, sacoches, jaunes voitures, machines à trier, compostages, sacs de toile, escaliers, enfilades de boîtes à lettres, mains des concierges...

Certaines lettres pour dire je t'aime, certaines pour dire vous me devez tant, d'autres pour dire que voilà, là-bas, quelqu'un nous a quittés.

La gardienne monte le courrier.

L'épais tapis, calé contre les marches par les barres de laiton luisantes mange les sons. L'ascenseur ronronne dans sa mécanique graissée, les grilles ouvragées claquent, les vitraux illuminent les parois peintes façon pierre de taille, les paillassons portent des initiales.

Les hommes sont à leurs affaires, les enfants dans leurs écoles, les bonnes méditerranéennes préparent des repas exquis dont on leur a appris à évacuer les senteurs trop aillées, les épouses s'occupent à calmer leur angoisse, entourées de fauteuils et de bibelots de prix.

Édith boit.

Méthodiquement, solitairement, elle déverse dans son tube le tue-cri, le tais-toi douleur.

Ses yeux n'ont plus de regard, elle s'anesthésie.

La gardienne sonne, Édith traverse l'entrée ornée de colonnes prétentiardes, elle se tient, titube à peine, il n'est que dix heures du matin, c'est plutôt vers dix-huit heures qu'elle s'écroulera.

Elle peut encore dire un bonjour à l'accent impeccable, et prononcer une des quelques phrases du rituel obligé, aux variations minimales : passez une bonne journée, bonne journée à vous, très bonne journée à vous, quel temps quel temps, oui la pluie, mais c'est bon pour les plantes de la cour...

Édith prend le paquet de lettres, va le déposer sur le piano blanc du salon, dans la corbeille d'argent, et retourne à sa chambre, à sa bouteille, à sa chère destruction.

La lettre bordée de noir attend.

*

Clara sort de son pavillon en courant, elle est en retard, il pleut des ficelles, il lui reste vingt copies à corriger et elle doit les rendre ce matin, à une classe qu'elle aime bien, pas des étoiles de la littérature mais des mômes pleins de bonne volonté.

Quand, quand ? Il reste la récré... à toute vitesse pendant la récré, elle pourra peut-être... si on ne vient pas lui parler d'un problème syndical.

Y a plus de fruits, faut absolument que les mômes mangent un fruit par jour, elle a oublié de mettre « fruits » sur la liste de courses de Mingo, mais c'est pas grave, Mingo est un roc, il n'oubliera pas les fruits.

Elle traverse le jardin sous la pluie. Bon sang ce jardin est dans un état, une friche, et la maison, et le toit... le crépi qui tombe par plaques c'est pas grave mais le toit...

Voilà déjà le facteur... là, c'est plus du retard, c'est un naufrage.

Le facteur, trempé après trois mètres hors de sa coque jaune, tend des lettres à Clara.

— Ça tombe hein !

— Ah ça pour tomber...

— Je les dépose dans la boîte ?

— Non non, je les prends.

Clara revient dans l'entrée, jette les lettres sur le meuble réceptacle de tous les déchets de la famille, ressort.

Là, sous la pluie dans le jardin en friche elle s'arrête, c'est maintenant qu'elle voit la lettre bordée de noir.

Revient dans la maison la regarder, l'ouvrir, la lire.

Pierre aussi la lit, revenu du bureau, son ordinateur portable dernier cri posé dans l'entrée, sa cravate desserrée, seul devant son piano blanc.

Édith est ailleurs dans l'appartement, se coulant dans l'alcool, Pierre a depuis longtemps renoncé à endiguer le flot doré dont elle se remplit, tout fout le camp et maintenant cette lettre.

Les années d'autrefois restent dans les neurones, prêtes à revivre, enfermées dans nos têtes étanches. Par bouffées elles jaillissent quelquefois, la bouche pourrait en parler... mais le silence retombe sur les années d'autrefois, il n'y a pas d'oreilles pour entendre.

Des pas résonnent dans la cage d'escalier en béton de la HLM, Claude et son grand corps maigre traversent le hall de l'immeuble.

Immeuble n'est pas le mot. Plutôt assemblage de cloisons destiné à contenir les affaires, tuyaux, télés et vies des gens d'en bas.

Claude s'approche de la rangée de boîtes à lettres maculées de graffiti, ouvre la sienne qui n'a ni clef ni serrure, porte ballante ouverte à tous les vents.

Il regarde son contenu avec détachement, les diverses factures et papiers qu'elle contient habituellement glissent sur lui, il n'est pas concerné. Par rien. Il prend cette lettre-là, bordée de noir, concerné soudain tout de même, la lit. Il se voit courir sur un chemin, il a cinq ans, une femme le soulève et le fait tournoyer dans ses bras. Ses lèvres dans son cou, le pain au chocolat...

Il n'a plus de larmes, tout est oublié.

*

Clara entre dans la salle d'attente du notaire de la famille.

Depuis sa dernière visite à Me Dorlaneau, il y a vingt ans à la mort de son père, les lambris se sont assombris et les fauteuils en velours affaissés.

Mais l'odeur échappée du XIXe siècle, suave et boisée, est intacte.

Une bouffée d'émotion la submerge quand l'assistante fait entrer son frère dans la salle.

Pierre va s'asseoir aussi loin de Clara que possible, arrache un magazine de la table, le déchire presque en l'ouvrant et fait disparaître son visage derrière les pages.

Même pas bonjour, bien sûr.

Le silence s'installe, chargé d'ondes éperdues qui tourbillonnent dans la pénombre du salon.

Clara a les yeux rivés sur la fenêtre, son sang bout, la sueur perle aux points sensibles de son visage, envie de tuer, de battre, envie de voir tout de même ce visage si proche du sien, le plus proche au monde, plus proche encore que celui de ses enfants. Son frère.

Devant les yeux de Pierre, les images et les mots du magazine dansent, bouillie illisible. Ses yeux sont tournés en dedans, tout à l'envers dans son cerveau, il s'asphyxie, son cœur bat comme celui d'une sardine fraîchement pêchée.

On fait entrer Claude et son corps qui ne semble plus lui appartenir. Il reste un instant debout, absent.

Trois solitudes muettes dans ce salon au crépuscule, voilà ce qui reste de leur fratrie.

L'assistante, impeccable monument de neutralité, réapparaît :

— Me Dorlaneau vous attend.

Me Dorlaneau connaît Pierre, Clara et Claude depuis des décennies, un ami de la famille.

Toutes leurs histoires sont consignées sous forme de contrats, de clauses suspensives parfois, offensives souvent, d'alinéas, de cachets de la Poste faisant foi et autres écritures, dans les tiroirs recouverts de cuir de ses immenses cartonniers.

— Les actifs de votre mère s'élèvent à un million d'euros, plus sa villa sur la Côte, estimée à 700 000 euros. Elle a fait don de sa fortune, de son vivant, à une association caritative, vous n'héritez donc de rien.

Me Dorlaneau reprend vite son souffle avant que la stupéfaction de ses trois clients ne se transforme en hurlements, et poursuit :

— Il y a toutefois une clause suspensive à ce don : à sa mort, ses biens vous reviennent si vous pouvez prouver que dans les cinq mois suivant son décès, vous avez fait tous les trois le pèlerinage du Puy-en-Velay à Saint-Jacques-de-Compostelle à pied, sans jamais vous séparer et en dormant dans les mêmes établissements.

De nouveau, reprise rapide du souffle et du discours, mais un cri de surprise horrifiée a tout de même réussi à s'échapper des bouches de Pierre et Clara, un « quoi ? » chargé de haine, un son de canard égorgé, Me Dorlaneau se hâte, grand danger d'explosion.

— Au cas où vous désireriez faire ce voyage, je vais vous présenter le guide chargé de vous accompagner, qui a été agréé par notre étude et par l'association caritative...

Il se lève et disparaît derrière une porte.

La violence du silence qui suit atteint un degré insoutenable.

Claude a certainement ingurgité beaucoup d'alcool pour supporter tout ça, il dodeline de la tête, pâteux.

Clara et Pierre appuient tant qu'ils peuvent sur le couvercle de leur casserole intérieure respective, mais la vapeur pousse, prête à jaillir.

Me Dorlaneau revient accompagné d'un homme affable :

— Je vous présente Guy.

— Messieurs-dames bonjour, je serai votre guide, si toutefois vous choisissez de faire ce voyage...

Guy parle avec une exquise courtoisie, c'est un bel homme métis aux yeux doux, aux cheveux crépus poivre et sel, à la peau dorée chocolatée.

Claude le salue avec un sourire béat et des yeux vitreux.

À la vue de cet homme noir dont on voudrait qu'il leur serve de « guide » la marmite de Pierre explose, aucune force au monde ne pourrait plus la contenir.

— Alors, premièrement je ne suis pas chrétien. Les pèlerinages, je m'en bats l'œil et le flanc gauche et s'il y a encore des mamies bigotes que ça amuse de rester scotchées au Moyen Âge c'est franchement pas mon problème. Deuxièmement j'ai une santé fragile, un ulcère à l'estomac, des problèmes de tension, du cholestérol, donc il est hors de question que je marche ne serait-ce même qu'un quart d'heure. On a inventé la brouette, la charrue, le carrosse, la diligence, le train, la voiture, l'avion, les hors-bord, ce n'est pas pour se retrouver au XXIe siècle comme des crétins à pied avec un sac à dos au bord des routes. Troisièmement, contrairement à mon frère et à ma sœur, je gère une société importante figurez-vous. Je bosse moi, du matin au soir. J'ai des obligations, des bilans, des salariés, des maisons, des impôts, des papiers, des responsabilités, une vie sociale, des *charges sociales*, des voyages d'affaires, des urgences et beaucoup de gens qui comptent sur moi. Alors votre pèlerinage vous vous le mettrez là où je pense. Ce n'est pas parce que ma mère était ma mère que je vais, à mon âge, obéir aux divagations d'une déjantée. Vous trouverez s'il vous plaît une solution pour que nous récupérions l'argent qui nous est dû, et vous renverrez votre charmant guide dans l'île ensoleillée d'où il vient, et qu'il n'aurait jamais dû quitter.

Guy garde un sourire immuable, « laisser couler injures, eau sur canard, maintenir cap, garder calme, l'insulteur s'insulte lui-même », voilà ce qu'il se dit.

Me Dorlaneau, appuyé contre le rempart du droit attend la fin de l'orage.

Le tonnerre de Pierre a cessé mais celui de Clara gronde, sotto voce tout d'abord, ce qui présage un crescendo redoutable.

Claude regarde fixement un chandelier en cuivre placé sur la cheminée au-dessus du notaire, l'alcool est maintenant descendu jusqu'au tréfonds de ses talons. Il semble flotter sous l'eau, les sons lui parviennent difficilement.

C'est bien. Parce que c'est trop dur pour lui d'entendre la voix de sa sœur, cette voix qui calmait ses angoisses, l'entourait quand l'abandon du père devenait trop lourd... puis plus tard qui le jugeait, maternelle et exigeante, refusant son naufrage.

Clara se contient se contient se contient, elle s'était promis de n'intervenir en aucun cas, de ne pas hausser le ton, de ne pas exprimer ses opinions politiques, de ne pas employer de gros mots, de résister à toute forme de provocation, de rester la Clara sereine et merveilleuse que son lycée admire et qui fait la fierté de l'Éducation nationale, elle la championne du rattrapage des enfants inscolarisables.

Mais la vapeur pousse, la passion se réveille, la merveilleuse envoie péter l'Éducation nationale, l'enfant Clara pleure sa colère dans un cri où chaque mot en cache un autre, indicible.

Tant de haine, tant de boules de chagrin rentrées qui ont noirci son cœur, tant d'attente et d'espoirs, de souvenirs oubliés qui reviennent et font mal comme au premier jour.

— Attendez, toute ma vie j'ai travaillé dans l'école laïque, républicaine et obligatoire, j'ai lutté contre les préjugés religieux, les curés, l'obscurantisme, les reliques, les pèlerinages et toutes les saloperies inventées par l'Église pour pomper l'argent du peuple, et vous voudriez que j'aille me traîner à Saint-Jacques-de-Compostelle ? Et avec mes frères encore ? Non mais vous les avez vus mes frères ? Celui-là un raté alcoolo au chômdu, et l'autre un drogué de la réussite, deux épaves qui ne connaissent même pas les dates de naissance de leur femme et de leurs enfants ! Et si je pars deux mois j'explique quoi moi, à l'Éducation nationale ? Que je vais faire un pèlerinage ? Au moment où on nous demande d'interdire le voile dans les classes ? Et mes classes, qui c'est qui s'en occupera de mes classes ? Et mon salaire, qui est-ce qui va me le verser mon salaire ? Et mon mari et mes enfants comment je fais ? Il est au chômage mon mari, y a qu'un salaire chez moi, pour quatre ! Mais... comme j'ai le toit de mon pavillon à refaire, ma voiture à changer, les traites du lave-vaisselle et de l'Encyclopædia Universalis à payer, je vais fiche en l'air mes vacances en famille et je vais le faire votre pèlerinage pourri. Parce que cet argent j'en ai vraiment besoin moi, c'est pas comme mon frère Pierre, que lui cet héritage c'est une goutte d'eau dans son océan de pognon. Il ne nous a jamais prêté un centime lui, ni à moi ni à mon frère Claude, jamais. On peut crever la gueule ouverte, jamais il ne lèvera le petit doigt pour nous malgré sa BMW, ses deux Mercedes, ses 300 mètres carrés dans le 16e, son yacht et ses quatre résidences secondaires. Et moi, il va falloir que je me cogne ces deux crétins tous les jours pendant deux mois. Merci maman !

Guy et Me Dorlaneau restent muets, le moindre mouvement de cil pouvant faire repartir la tempête.

Claude ne regarde plus le chandelier, le silence soudain l'a réveillé, il cherche longtemps ses mots, puis dans l'épaisseur de l'air encore chargé de la colère de Clara il demande :

— Euh... Y en a des bars dans ce truc-là, de Tomposquelle ?

Me Dorlaneau se lève :

— Écoutez, je vous laisse mon bureau pour que vous puissiez discuter. Vous avez une demi-heure pour vous décider.

— Et pourquoi seulement une demi-heure ? demande Pierre.

Guy, courtois :

— Parce que je dois donner une réponse à mes clients qui attendent de savoir s'il y a des places libres dans le groupe que j'emmène à Saint-Jacques, et parce que je dois faire toutes les réservations nécessaires dans les gîtes, il y a beaucoup de monde sur le chemin de Saint-Jacques à cette époque de l'année.

CLARA

Ah, parce qu'on ne sera pas tout seuls en plus ?

GUY

Non, j'emmène en général des groupes de huit personnes.

PIERRE

Je vous préviens, moi je ne dors pas dans des gîtes, je dors dans des hôtels.

GUY

Malheureusement, ce ne sera pas possible de payer l'hôtel à tout le monde et comme votre mère a recommandé que vous dormiez dans les mêmes établissements, je crains que vous ne soyez obligé de... enfin, on vous laisse tranquilles.

Guy et le notaire sortent du bureau et ferment la porte.

Aussitôt les hurlements fusent, la bataille fait rage entre les frères et sœur.

Ils crient leur haine, leurs chagrins, leurs longues rivalités, leurs souvenirs écrasés, ils crient la mort de leur mère et l'étrange joie de se retrouver, ils crient le refus de cette joie.

Plus tard, quand les poumons se sont fatigués, que les mots se sont éteints comme des bûches consumées, le notaire et Guy sont revenus dans la cage aux fauves, se sont assis.

Me Dorlaneau leur a demandé avec respect ce qu'ils comptaient faire.

Clara a assené péremptoirement : On y va, et Pierre ne l'a pas contredite.

Me Dorlaneau se hâte :

— Je suis très content de votre décision... Pierre, je crois que vos frères et sœurs peuvent vous remercier tout particulièrement car au fond c'est vous qui aviez le moins besoin de cet argent... Vous leur faites un très beau cadeau.

Me Dorlaneau a parlé trop vite, n'a pas mesuré la profondeur de la crevasse qui les sépare.

CLARA

Un cadeau n'exagérons rien, il touchera aussi sa part.

PIERRE

Je m'excuse, mais je ne fais aucun cadeau à personne.

CLARA

Qu'est-ce que je disais.

PIERRE

Ta gueule. Je ne fais aucun cadeau à personne...

CLARA

La tienne avant la mienne...

PIERRE

... je fais ce voyage pour toucher ce qui m'est dû. Il n'y a aucune raison pour que mon argent aille engraisser les rombières d'une association caritative.

CLARA

Et voilà le cadeau ! C'est un pingre un radin un avare un grippe-sou un rapace tout ce que vous voudrez, mais certainement pas un philanthrope.

LE NOTAIRE

On voit que vous êtes professeur de lettres, hein...

— Oui j'ai du vocabulaire, merci.

C'est alors que Guy a sorti la « liste ». Une pour chacun. Un feuillet où sont soigneusement consignés les objets qu'il faudra emporter pour faire le chemin de Saint-Jacques, résumé squelettique d'années d'expérience essorées, dont le gras et la chair ont été raclés, les douloureuses anecdotes évacuées, pour ne laisser place qu'à l'absolu essentiel.

— C'est la liste de ce qu'il vous faudra dans votre sac à dos, dit-il.

Il la pose devant chaque futur marcheur, avec précaution.

Pierre l'attrape, la lit en diagonale, méprisant. Clara la plie et la jette dans son sac.

Claude la prend avec délicatesse, laisse errer dessus un œil amical puis la repose sur le bureau.

GUY

Je serai lundi prochain à la gare du Puy-en-Velay entre 16 et 17 heures. À lundi ?

Édith est assise sur le bord du lit, absente.

Pierre s'étouffe de rage.

— J'irai pas, c'est tout.

Il lance un paquet de slips sur le tapis de haute laine beige.

— J'irai pas, j'en ai pas besoin de ce fric, moi.

Il jette son sac à dos flambant neuf à travers la pièce.

— De quel droit elle nous force à faire ça hein ? De quel droit ?

Il va ramasser les slips, les remet sur le lit.

— Elle me force à faire ce truc, c'est ça que je ne supporte pas.

— Ta sœur elle te force ?

— Mais non pas ma sœur, ma mère, ma mère elle nous force avec son testament pourri...

— Elle est pas morte ?

— Même morte elle nous force. J'irai pas, j'irai pas, je les emmerde avec leur matériel.

Il vide un plein sac d'affaires de camping sur le tapis et shoote dedans.

— Mais maintenant que t'as dit que tu y allais tu dois y aller, non ?

— Oui je dois y aller je dois y aller, et en plus dans des gîtes à deux balles ! Mais j'irai, j'irai dans les gîtes à deux balles, parce que plutôt crever que de leur payer l'hôtel à ces deux parasites...

Édith se lève et titube jusqu'à sa ravissante coiffeuse années trente qui contient zéro produit de beauté mais abrite un supermarché de boissons alcoolisées.

Ce sont ses parfums.

Elle se sert un grand verre de gin qu'elle siffle d'un coup, remplit encore son verre, vient se rasseoir près de Pierre. Elle boit par petites lampées, comme un chaton ensommeillé, Pierre lui dit tendrement de ne pas trop boire. Elle lui répond non moins tendrement de ne pas s'inquiéter, que tout va bien.

Pierre lui fait promettre de ne pas boire quand il sera parti, Édith promet qu'elle ne boira pas quand il sera parti et lape son gin.

Pierre la regarde, ne dit plus rien.

Ainsi que tant et tant de milliers de gens ils sont encore ensemble, chacun dans son désert, quelque chose encore les lie, peut-être pour toujours, peut-être pour seulement un quart d'heure, une entaille si profonde dans leurs cœurs que leurs sangs se sont mêlés.

*

Sarah, c'est Claude en fille. Les mêmes yeux écartés, les mêmes cheveux bouclés, mais tout est encore net et rond en elle. Encore non avachi, encore tendre.

Comment une si vigoureuse beauté peut-elle à ce point ressembler à ce père éteint ? Elle l'attend dans le café en face de son lycée, le guette, son œil triste errant dans toutes les directions. D'où viendra-t-il ? Viendra-t-il ? Pourquoi m'a-t-il appelée, pour me demander du fric, obligatoirement. Comment se fait-il qu'un homme qui a tant souffert de l'abandon de son père ait à son tour abandonné tous ses enfants, pourquoi le cercle recommence-t-il sans fin, quand s'arrêtera-t-il ?

Quelquefois deux ans sans le voir, elle n'attend plus rien de lui ni d'aucun autre.

Le voilà, il court, sourire heureux quand il la voit. Elle se demande chaque fois comment il peut sourire ainsi et agir ainsi. Il la couvre de compliments sur son incomparable beauté, limite gênant. Elle attend le montant de la somme qu'il va demander, n'a pas de haine, c'est immensément indulgent la jeunesse. Elle aime ce visage et cette voix, sa colère est tombée depuis longtemps.

— Ça va ?

— T'as une demi-heure de retard, papa.

— Je sais, mais c'est les embouteillages...

Sarah ne s'énerve pas mais tout de même c'est humiliant à la fin qu'on vous prenne tout le temps pour une poire.

— Papa, t'as pas de voiture.

— Non, mais c'est le bus...

Le garçon arrive. Claude commande un whisky, allez un double, Sarah un Perrier-rondelle. Lourds sous-entendus qui suivent la commande.

— Mamie est morte.

— Je sais, dit Sarah.

Elle sait aussi qu'il s'en fout, qu'il n'éprouve rien pour sa mère, qu'il ne l'avait plus vue depuis des années. Elle regarde ce front qui se dégarnit, elle se demande si un jour elle non plus n'éprouvera plus rien pour son père et comment cela deviendra possible. Claude se décide à aborder *la* question.

Il a toutes les lâchetés quand il s'agit de résister à l'alcool, tous les courages pour emprunter de l'argent.

— Il faut que tu me prêtes cent euros, juste cent euros, pour prendre un train, je te jure dans deux mois je suis riche.

— J'ai pas cent euros.

— Demande à maman.

— Maman, même un quart de centime elle te le prêtera pas.

Sarah se dit qu'elle ne parlera pas de cette rencontre à sa mère. Pas la peine de souffler sur la braise. Le garçon revient et pose les consommations sur la table.

Sarah demande à Claude s'il a des sous pour payer son whisky, Claude répond que non mais que c'est pas grave parce qu'il va devenir riche parce qu'il y a un testament et que justement, c'est pour toucher ce testament que... Sarah ne l'écoute plus, sait qu'elle devra payer le whisky, se demande si ce sera quinze ou vingt euros, et comment elle compensera cette perte dans son budget déjà maigre : diète à midi jeudi et vendredi pour pouvoir aller quand même au cinoche samedi, ne rien dire à maman de toute façon.

En bout de rue, le dernier pavillon du village, c'est celui de Clara.

Pas en ville, pas à la campagne. Hybride. Un aéroport pas très loin, boules Quiès.

Une heure trois quarts pour aller à Paris, beaucoup de circulation quand on a besoin de circuler, calme mortel quand on a besoin de se distraire. Mingo, le mari de Clara est au chômage, ex-comptable dans une petite entreprise qui a capoté, victime de la concurrence du tiers-monde. Ils avaient acheté ce pavillon en se saignant à blanc, Clara avait trouvé un poste dans un lycée technique pas loin... et paf tout par terre. Les gosses sont scolarisés dans la région, Clara doit rester à son poste et Mingo ne retrouve pas de boulot. Le piège. Alors Mingo fait femme à la maison, sans amertume, comme un vrai métier. Grand mec sportif, abondante chevelure rousse, un peu de ventre car aime bien la bouffe, la fait d'ailleurs tous les jours et tout le monde en est content.

Dans la maison, Clara et les enfants laissent partout derrière eux un sillage de désordre, Mingo s'en accommode. La table du living sert d'entrepôt, Mingo pousse une gentille gueulante au moment des repas, alors tous dégagent leurs affaires en les empilant ailleurs et mettent allègrement le couvert, toujours avides de goûter les délices de Mingo. Cette famille déglinguée par le chômage marche finalement bien, une vigoureuse circulation d'amour irrigue l'air qu'ils respirent.

Pierrot et Lucie, roux comme leur père, toujours fourrés dans les livres comme leur mère, ne présentent pas de problèmes psychologiques majeurs.

Aujourd'hui, Clara suinte l'angoisse : elle part dans vingt-quatre heures pour plus de deux mois, n'a pas commencé ses bagages, pas eu le temps de vérifier la disserte de sa fille, a égaré la liste donnée par le guide et ne sait plus où elle a posé son sac à dos. Elle déboule dans le living, défaite, c'est la fin du monde :

— Mingo, je ne trouve plus mon sac à dos.

Mingo, une casserole de champignons à l'ail à la main, un torchon sur l'épaule, soulève une pile de draps et quelques livres :

— Il est là sur le canapé, je te l'ai fait ton sac, j'ai pris la liste du guide et je te l'ai fait. Il te manque juste le savon de Marseille, j'irai en prendre au marché tout à l'heure. Pierrot tu mets la table vite fait, c'est chaud... Lucie, débarrasse tes livres et apporte le pain s'il te plaît.

Mingo montre à Clara une pile de livres posée à côté du sac :

— Tu es sûre que tu veux emporter tout ça ?

— Non... un peut-être ?

— Ça va mon ange ?

— Bof...

*

La micheline régionale arrive en gare du Puy-en-Velay, crache ses voyageurs, dont quelques pèlerins et Guy.

Les pèlerins encore frais, pleins de rêves, jambes blanches et sacs pimpants, quelques-uns portant la coquille, d'autres le bâton, se mêlent à la foule provinciale qui franchit les rails par un passage piéton en bois pour se diriger vers la sortie. Pas de passage souterrain au Puy-en-Velay, la gare, à l'architecture style République française, a le charme des écoles communales, mairies et postes qui survivent encore dans notre doux pays.

Guy a le look pèlerin bien sûr, mais pèlerin professionnel. Le rêve, il en vit plus qu'il ne l'éprouve.

Clara a aussi voyagé dans ce convoi. Pendant tout le trajet, elle a fait des listes : de ce qu'elle a oublié, de ce que Mingo et les enfants devront faire en son absence, des problèmes de boulot qu'elle devra tant bien que mal résoudre de loin et par téléphone, des listes et des listes interrompues par des bouffées de colère si violentes qu'elle aurait pu tabasser ses voisins de micheline. Sept heures de train, c'est ahurissant tout de même la France profonde ! Sept heures pour rejoindre ce trou et ces deux abrutis de frangins et là, à la pensée des dix semaines à venir à devoir subir leur présence, les bouffées devenaient quasi ingérables. Clara devait se lever, ouvrir une fenêtre et regarder défiler le paysage verdâtre rythmé par les poteaux EDF pour ne pas imploser.

Dans le hall de la gare, Guy pose son sac et déroule une pancarte en toile où est inscrit son cri de ralliement, le nom de la société qui l'emploie et organise les randonnées accompagnées : Chemin Faisant. Voilà, comme ça tout le monde le voit, le groupe peut se constituer.

Clara aurait pu éclater de rire à la vue de cet écriteau si elle avait été dans son état normal, c'est-à-dire en possession de son humour, mais dans les circonstances actuelles, son humour s'était ratatiné au fond de sa poche et n'avait pas l'opportunité de s'exprimer, étouffé qu'il était par l'angoisse et la rage de sa patronne.

Clara s'approche de Guy qui accroche immédiatement un sourire éclatant sur sa face et lance à Clara un bonjour ultra-avenant. Il en faudrait beaucoup plus pour apaiser l'humeur massacrante de Clara qui lui demande d'un ton glacial où sont les autres. Guy lui répond que pour l'instant il n'y a personne qu'eux deux, Clara lui tourne alors ostensiblement le dos.

Au moins on n'est pas dans les mondanités, se dit Guy, ça a aussi son bon côté.

Et un lourd silence s'installe entre eux.

Une BMW aux vitres fumées s'arrête devant la gare. Le conducteur, en costume bien coupé, va ouvrir le coffre, en sort un sac à dos rutilant qu'il pose sur le trottoir.

À l'arrière, Pierre, ravagé d'angoisse, les yeux fixes, attend comme un enfant perdu qu'on l'aide à sortir de sa voiture. Robert, le chauffeur-maman-poule-factotum, maintient respectueusement la portière ouverte pendant que son patron sort de sa BMW, comme on le voit à la télé quand les chefs d'État du G8 s'extirpent de leur carrosse à pneus. Robert ramasse le sac et entreprend de l'enfiler au dos de son patron qui, absorbé par ses noires pensées, se laisse faire comme un bébé. Une fois le sac accroché à son dos, Pierre est brusquement déséquilibré et bascule en arrière. Il se serait effondré sur la chaussée si Robert ne l'avait redressé à temps. Quand on a les moyens, on achète le meilleur matériel, on se munit de tout ce qui pourrait manquer au confort d'un homme civilisé dans ce genre de voyage imbécile que l'on nomme « randonnée ». Mais évidemment le confort a un prix, et surtout un poids.

Pierre se dirige vers l'intérieur de la gare, revient sur ses pas, tourne son visage de bambin égaré vers Robert et lui demande de laisser son portable allumé en permanence.

— En permanence, répond Robert.

— Vous avez mis tous mes médicaments dans le sac, hein...

— Tous vos médicaments.

Pierre s'efforce de durcir son visage, entre dans la gare, scrute la foule.

Il voit tout de suite sa sœur et le guide chocolat, s'approche d'eux.

Guy lui lance le même bonjour enjoué qu'à Clara, Pierre lui renvoie un « bonjour monsieur » directement sorti du congélateur et lui tourne le dos.

Guy, cerné maintenant par deux dos hostiles, encaisse, observe cette curieuse habitude familiale consistant à tourner le dos à ceux qui vous parlent aimablement et se dit que bonjour la randonnée, avec ceux-là il ne va pas rigoler tous les jours.

Après un temps qui semble interminable à Guy, Clara lance sèchement :

— Vous n'avez pas vu mon poivrot de frère Claude par hasard ?

C'est à ce moment-là qu'est arrivée Mathilde. Comme une source s'écoulant sur une terre asséchée, elle s'est avancée vers Guy et lui a dit bonjour en souriant. Un beau visage pâle entouré d'un foulard bleu vert, un corps fragile, des yeux bleus luttant contre la tristesse, un sourire sans esprit de conquête.

— Vous êtes Guy, de Chemin Faisant, c'est ça ?

— Oui, pour Le-Puy Saint-Jacques, vous êtes Camille ?

— Ah non, moi c'est Mathilde.

Guy examine sa liste.

— Ah voilà... Mathilde. Alors je vous présente Clara et Pierre. On attend encore cinq personnes.

Clara et Pierre sont limite agressifs dans leur bonjour à Mathilde dont le sourire s'éteint.

Tous se taisent, attendent. Bonjour l'ambiance.

À l'autre bout de la gare, errant déjà depuis un certain temps, deux jeunes gens cherchent la fameuse pancarte « Chemin Faisant ».

Le plus âgé des deux l'aperçoit, se dirige vers Guy avec soulagement.

— Excusez-moi, bonjour monsieur, c'est Chemin Faisant c'est ça ?

Aussitôt après avoir posé cette question, il se sent stupide : bien sûr que c'est Chemin Faisant, c'est écrit en gros sur le panneau.

— Je suis Saïd Keifa, et ça, c'est mon cousin Ramzi.

Guy vérifie sa liste et leur souhaite une chaleureuse bienvenue.

Pierre les regarde de haut, il ne manquait plus que ça, des Arabes.

Saïd et Ramzi, avides de se faire accepter, serrent les mains avec une grande courtoisie. Mathilde leur rend avec plaisir sourire et poignée de main, Clara se déride, elle vit toute l'année avec des Mohamed et des Djamel, elle connaît bien, elle aime bien.

Pierre ne prend pas leurs mains, se détourne. Tristesse de Saïd et Ramzi.

Quand on vous humilie, d'abord vient la tristesse, le sentiment renforcé de sa propre laideur, inexistence, inintérêt. Plus tard, beaucoup plus tard, quelquefois des années, ou même des générations plus tard, viennent la colère et la révolte. La haine. La juste haine.

Combien de montagnes intérieures ne faut-il pas surmonter pour endiguer le mépris de soi-même qui vous submerge quand toute une société est organisée autour de votre infériorité.

Ceux qui ont gravi ces dures montagnes, femmes, vieux, laids, pauvres, bronzés, paysans, immigrés, gros, humiliés et offensés, sont sœurs et frères à jamais, reines et rois du monde.

Mais Saïd est aujourd'hui trop préoccupé pour s'attarder à combattre une attitude de rejet raciste. Il lui arrive de livrer des batailles mais pas autant de fois qu'il ne subit d'affronts. Le plus souvent il ignore, cherche la paix.

Maintenant son inquiétude grandit, il ne voit pas celle qu'il cherche, celle pour qui il a fait tous ces kilomètres vers cette ville inconnue.

Il demande à Guy s'il n'y a pas d'autres pèlerins prévus pour marcher avec leur groupe.

— Si, en principe on attend encore trois autres personnes.

— Ah oui... et comment elles s'appellent les trois autres personnes ?

Guy consulte sa liste :

— Alors il y a Claude, Elsa et Camille.

Ramzi sursaute en entendant ce nom :

— Camille ? J'en connais une de Camille moi, hein Saïd on en connaît une de Camille ! C'est la fille de la directrice du lycée de Saïd, hein Saïd ?

Ramzi, contrairement à Saïd, parle avec un accent banlieue à couper au couteau.

Autrefois les Bretons, les Cévenols, les Berrichons, en arrivant de leur province à la capitale, avaient aussi un accent rocailleux. À Paris leur français se fanait, amputé des riches mots du patois de l'enfance. Mais au fil des ans et des générations, le refoulé rompait les digues, envahissait leur langue qui redevenait une fontaine d'où jaillissaient des mots nouveaux fortement teintés de barbarie patoisante fécondant la langue officielle. C'était le « Parigot ».

Le parlé-télé a raboté tout cela pour façonner un langage plat comme une punaise, plein d'interdits, de clichés, de formules confites dans le vinaigre du politiquement correct. Heureusement la rue produit du mot, du sens, de la joie et du désespoir, et fait craquer la croûte du langage élitiste comme une robe trop étroite se déchire sous la poussée d'un ventre de femme enceinte. La vraie langue française vit et s'invente maintenant dans la glaise trifouillée par les patois du Maghreb et de l'Afrique.

Quand Ramzi parle, Saïd guette avec inquiétude sur les visages des gens normaux la surprise et la désapprobation qui surviendront quand son cousin emploiera des mots de travers et dira des incongruités.

Ramzi sursaute :

— Hé Saïd, regarde là-bas, c'est la Camille qu'on connaît qu'est là-bas, qu'est-ce qu'elle fait là-bas ?

— Ah ben ça alors... eh oui... c'est elle...

Ramzi montre deux jeunes filles à sac à dos, entrées dans la gare et cherchant quelque chose. Guy exhibe son panneau « Chemin Faisant », Camille le voit, mais voit surtout Saïd. Elle s'approche.

— Ben qu'est-ce que tu fais là Saïd ?

Le visage de Saïd s'illumine, quand il regarde Camille, il est Ulysse revenu à Ithaque.

— Ben rien... je me promène. Euh... je te présente Ramzi, mon cousin.

— Arrête tes conneries, je le connais Ramzi.

Camille, et Ramzi s'embrassent comme du bon pain.

— Ça va Ramzi ?

— Ouais ça va, Saïd et moi on part en pèlerinage à La Mecque tous les deux.

— Où ça ?

Voici venu le moment des incongruités, Saïd interrompt Ramzi vite fait et s'adresse à Camille :

— Alors comme ça, tu te promènes ?

— Ouais, enfin je fais une rando avec ma copine Elsa... Elsa, je te présente Saïd, et Ramzi son cousin, qui était dans notre collège aussi... On est avec un groupe...

Elsa essaye de démêler ce brusque écheveau d'infos :

— Saïd ? Ah, c'est vous le Saïd qui...

Camille aimerait beaucoup qu'elle se taise :

— Oui, c'est lui.

— Qui m'avez téléphoné pour avoir l'adresse de Chemin Faisant...

Saïd aussi aimerait beaucoup qu'elle se taise.

— Oui oui, c'est ça.

CAMILLE

Ah bon, il t'a téléphoné ?

ELSA

Oui, pour savoir l'adresse de...

SAÏD

Oui, je cherchais une adresse pour des randonnées tout ça...

CAMILLE, à Saïd

Ben comment t'as eu son numéro ?

Les questions se précisent, Saïd se sent mal, fort heureusement Guy intervient :

— Bonjour, alors vous êtes Camille ?

— Oui, bonjour, Chemin Faisant ?

— C'est ça.

— Alors elle, c'est Elsa.

— Bonjour Elsa. Bon, ben il ne manque plus que Claude...

Justement Claude entre dans la gare, aperçoit sa

sœur Clara, va droit sur elle, lui parle à voix basse, intensément :

— Salut Clara, est-ce que tu peux me dépanner ? Je te rembourserai avec l'héritage, j'avais pas assez de tune pour prendre un billet jusqu'au Puy alors je me suis arrêté à Saint-Étienne et j'ai pris un taxi, c'est 210 euros, c'est cher je sais mais y a le chauffeur du taxi qui m'attend dehors, il est un peu de mauvaise humeur là, parce que je l'ai pas payé, je suis dans la mouise, mais je te jure que je te rembourserai quand...

Clara, très calme, regarde Claude dans le blanc de l'œil et lui envoie un « non » compact, en acier trempé, qui l'atteint en plein front, mais ne le fait même pas vaciller. Peau d'éléphant. Il continue :

— Attends déconne pas, si je viens pas tu le toucheras pas non plus l'héritage... juste 210 euros, donne-moi 250 et c'est tout, je te demande plus rien pendant.

Dans les pupilles de Clara il y a maintenant deux kalachnikovs. Toujours très calme, elle tire :

— Read bien my lips : no, niet, nada, nein, nichts, rien, pas un rond je te prête, va te faire foutre.

Guy s'approche d'eux :

— Bonjour... Claude ?

— Oui... une seconde s'il vous plaît, il y a une petite urgence.

Il s'approche de son frère Pierre, qui a tout entendu et sent lui aussi l'adrénaline grimper très fort dans son système nerveux :

— Pierre, tu peux pas me dépanner s'il te plaît, j'ai pris un tacot depuis Saint-Ét...

Pierre fulmine. Il ne supporte pas que ce frère damné donne ainsi le spectacle de sa veulerie, qu'il mendigote trois sous en public, il sort une liasse de billets de sa poche :

— Tiens, les voilà tes 250 euros, en voilà 300, là, 300 euros ça te va ? Arrête de nous faire suer, paye ton taxi et dégage, dégage c'est tout, espèce de naze.

Dans sa rage, Pierre jette les billets, Claude en attrape trois, et même un quatrième au vol et sort en courant rejoindre le chauffeur de taxi de Saint-Étienne très échauffé, prêt à cogner. Claude le calme avec les billets, revient dans la gare, heureux et enjoué.

Il n'a pas de sac à dos.

Guy, soulagé d'avoir son troupeau au complet, se met en route.

Camille s'apprête à prendre congé de son ami Saïd :

— Bon ben salut Saïd, faut que j'y aille.

— Ouais salut... Moi aussi j'y vais...

Camille embrasse Ramzi :

— Salut Ramzi, bon pèlerinage alors...

— Ouais... Nous, on est avec Chemin Faisant ça s'appelle, notre guide c'est lui là...

Camille est sidérée :

— Ah non, lui c'est notre guide lui, il va pas à La Mecque, il va à Saint-Jacques-de-Compostelle lui.

— Nous aussi on y va.

— Où ?

— On va à Saint-Jacques-La-Mecque nous. Vous y allez aussi vous ?

— Ben... On va à Saint-Jacques oui...

Ramzi est transporté de joie :

— Hé Saïd, les meufs elles vont aussi à Saint-Jacques-La-Mecque c'est trop cool... Eh Camille, Saïd il est amoureux de toi parce que t'es trop canon...

CAMILLE

De quoi ?

SAÏD

Arrête tes conneries Ramzi...

RAMZI

Et Elsa aussi elle y va avec nous ?... Elle est trop canon Elsa c'est trop cool...

CAMILLE

Attends c'est quoi cette embrouille ?

Saïd esquive la réponse, s'éloigne.

Ils rejoignent Guy qui leur indique l'adresse de l'hôtel du Puy où ils dormiront cette nuit, le premier et le dernier hôtel qu'ils fréquenteront pendant les deux mois et demi que durera le pèlerinage. Il leur donne rendez-vous le lendemain matin à sept heures à la cathédrale, pour la messe des pèlerins. Pierre et Clara protestent, il n'est pas question qu'ils aillent à la messe, ils ne se prêteront pas à ces singeries, les curés à l'échafaud, etc.

Guy attend que l'orage passe et leur explique qu'ils sont obligés d'assister à cette messe pour obtenir leur credential, sorte de carnet pliant délivré par l'évêché qu'ils devront faire tamponner à chaque étape du chemin pour prouver qu'ils ont bien marché sur tout l'itinéraire, et qui leur servira de passeport, surtout en Espagne, pour obtenir des places dans les gîtes.

Après une nuit difficile dans un hôtel bas de gamme et la pénible ascension des deux cent quatre-vingt-dix-sept marches qui mènent à la cathédrale, nos neuf pèlerins se trouvent réunis, à sept heures du matin, devant la Vierge noire que Guy présente avec enthousiasme :

— Alors voilà la Vierge de la cathédrale du Puy, avec la tête du Christ qui sort de son ventre... C'est une Vierge noire.

Pierre, déjà très agacé par le petit déjeuner succinct de l'hôtel pourri où il a insomnié plutôt que dormi, par l'horaire de cette messe, et par la montée des marches qui lui a déchiré les poumons, murmure entre ses dents :

— Oui ben on avait remarqué qu'elle est noire, pas la peine d'en faire un plat... Bientôt elle va nous jouer du tam-tam aussi peut-être...

CLARA

Qu'est-ce que ça peut te faire, t'es pas catholique.

PIERRE

Non, je suis pas catholique, et alors, y a quelqu'un que ça dérange ?

CLARA

T'es pas catholique, t'es raciste comme religion.

Ramzi, enthousiaste dès qu'il entend parler de religion, intervient :

— Moi je suis musulman comme religion, surtout ma mère.

PIERRE, acide

Ben allez donc à la mosquée si vous êtes musulman.

RAMZI

On y va, on va à Saint-Jacques-La-Mecque nous, Saïd et moi.

Pierre hausse les épaules. Guy, un peu inquiet, se demande si le jeune Ramzi est sain d'esprit.

Le curé fait un discours aux pèlerins qui vont partir, tous réunis devant la statue de saint Jacques. Des sœurs l'entourent, souriant d'un sourire angélique, c'est-à-dire exprimant leur soumission absolue à l'ordre établi. Elles sont habillées de gris et blanc, un voile islamo-chrétien couvrant leur tête, voile ayant ici la même fonction qu'ailleurs : affirmer visiblement l'infériorité des femmes.

Pierre et Claude écoutent vaguement le curé, s'en fichent.

Guy attend que ça se passe, assis un peu à l'écart en face de la Vierge noire qu'il dévisage avec amour.

De nombreuses Vierges noires peuplent nos églises, leur glorieux enfant pointant sa tête au milieu de leur ventre, statues en bois taillées rudement, provenant peut-être d'Afrique, d'Égypte ou de Jérusalem, réminiscences d'un ancien culte païen à la déesse de la fécondité, vierges adorées du peuple, objets de pèlerinages fervents [1].

LE CURÉ

Je vais maintenant donner le sacrement de la bénédiction aux pèlerins qui prennent le chemin de Saint-Jacques... Mais d'abord, nous allons faire connaissance. Peut-être chacun d'entre vous pourrait-il se présenter... nous dire d'où il vient, jusqu'où il va.

Pierre lève les yeux au ciel : comme s'il allait se présenter à ce crétin !

1. L'Europe a vécu durant des millénaires d'une haute pensée mystique consacrée à l'exaltation du principe féminin. Je tiens pour évident que cette spiritualité originelle a été balayée avec violence, dans le feu et dans le sang, par une religion étrangère venue d'Orient : le christianisme. Du point de vue purement anthropologique où je me place, l'histoire de l'Église chrétienne est l'histoire d'une guerre menée par l'étranger contre un culte indigène très ancien, très puissant, très profondément enraciné, et d'un crime réussi contre la race humaine femelle tout entière. Nous avons perdu notre moitié. J'évoquerai les centaines de milliers de vraies femmes, nommées sorcières et brûlées comme telles, et les millions d'autres femmes vaincues et changées par la peur. (Louis Pauwels, www.arbredor.com)

Saïd, Ramzi et Mathilde écoutent le sermon avec attention.

Quelques pèlerins dociles commencent à se présenter, ils égrènent les villes d'où ils viennent, celles où ils vont finir leur pèlerinage. Petites gens ou bourgeois, ils prennent naïvement ce chemin qui représente pour certains leur rêve, leur besoin de réparation intérieure, pour d'autres leur repos enfin acquis après des années de labeur professionnel ou familial, un désir d'aventure et de rencontre pour les plus jeunes... pour tous une plage de temps suspendu dans leur vie, un espoir de revenir changés.

Assises dans le fond de l'église, Camille et Elsa ont pris leurs distances.

Derrière elles, Clara soliloque sa rage anticléricale, encouragée par l'hilarité qu'elle déclenche chez les jeunes filles :

— Non mais regardez-moi ce cureton avec ses boniches autour de lui ! La voilà l'Église catholique : un mégaclub de pédophiles et de femmes soumises... Moyenne d'âge du public, soixante-quinze balais... Et que je t'interdis la capote, et que ça fera bientôt cinquante millions de morts du Sida dans le monde... Mais ça, le pape de mes deux il en a rien à battre lui... Il agite son crucifix, il ramasse le fric et les banquiers du Vatican jouent à la Bourse...

Elsa et Camille pouffent.

LE CURÉ

... Et maintenant, je vous invite à déposer vos prières dans cette urne, elles seront lues à la prochaine messe. Vous avez du papier ici. Ensuite, vous pourrez passer à la sacristie prendre vos credentials. Bonne route, que Dieu soit avec vous !

— Allah Akhbar, murmure respectueusement Ramzi.

Le curé entraîne les pèlerins vers la sacristie en leur précisant que les credentials s'achètent cinq euros.

Mathilde prend un papier, y inscrit une prière. Saïd l'imite, écrit avec soin. Ramzi s'approche de lui :

— C'est quoi que t'écris ?

— Rien, un truc qu'ils vont prier pour ça après.

— Tu peux m'en écrire un de papier ?

— Ouais, qu'est-ce que j'écris ?

— T'écris : « Priez pour que ma mère elle peut payer le loyer à la fin du mois parce qu'elle a tout donné pour que son fils il aille à Saint-Jacques-La-Mecque. » T'écris ?

— Ouais, j'écris pour le loyer à la fin du mois.

— T'écris tout, hein...

— Oui tout.

Mathilde et Saïd mettent leur prière dans l'urne et rejoignent le groupe parti à la sacristie.

Derrière un pilier, Clara a observé les écrivailleurs du coin de l'œil.

Une fois seule dans l'église, s'assurant que personne ne la regarde, elle griffonne quelques mots sur un papier à prière et le glisse furtivement dans l'urne.

Sous le porche de la cathédrale dominant la ville du Puy, le groupe s'est rassemblé. Guy montre l'ouest, Compostelle, c'est par là.

Dans la lumière blême du matin, encadrées par la voûte de pierres noires, les collines entourant Le Puy à l'ouest forment un tableau bleuâtre fait de verdure et de maisons anciennes. Chacun imagine ce qui se trouve là-bas, au-delà, toujours à l'ouest, toujours plus loin, au bout de la terre d'Europe, chacun tente de se figurer les mille huit cents kilomètres qui le séparent de Santiago.

Mais c'est à une autre aune que celle des kilomètres que se mesurera le chemin qui les emmène à Compostelle.

Ils commencent à descendre les marches.

*

Dans le bureau de la sacristie, sœur Odile et sœur Claudette, installées à une vieille table en chêne, sortent les papiers-prière de l'urne et les lisent à haute voix.

— « Priez pour moi qui ai perdu ma mère, priez pour que mes élèves s'en sortent pendant mon absence, priez pour que mon mari retrouve du travail parce que si ça continue le chômage il va mourir de quelque chose. » Qu'est-ce qu'on fait de ça ?

— Je ne sais pas...

— On barre le chômage ?

— Oui, pas de politique, on laisse priez pour mon mari...

— Priez pour mon mari quoi ?

— Qui est malade.

— Il est pas malade, il est au chômage...

— Oui mais c'est pareil...

— Ben pas encore...

— Ça viendra...

— Et les élèves ?

— Ça devient compliqué avec les élèves... On laisse juste le début.

— Priez pour moi qui ai perdu ma mère ?

— Non, priez pour l'âme de ma mère. Priez pour moi, c'est trop égoïste.

— Bon.

Sœur Claudette réécrit sagement le message :

— « Priez pour l'âme de ma mère. » J'écris en majuscules pour le père Dumas parce que lui, il est vraiment miro.

Sœur Odile sort un autre papier :

— « Cher curé, priez pour que Ramzi puisse apprendre à lire un jour, priez pour que la mère de Ramzi puisse payer son loyer malgré ses économies que je lui ai empruntées pour aller à Saint-Jacques-La-Mecque avec son fils, priez pour pas qu'elle me déchire quand on va revenir. Priez aussi surtout pour que la fille que j'aime elle m'aime aussi. » Oh la la, il est bien dérangé celui-là...

— C'est quoi Saint-Jacques-La-Mecque ?

— Je sais pas.

— On zappe ?

— On zappe.

Sœur Odile jette le papier à la corbeille, sœur Claudette prend une autre prière :

— « Priez pour que mon cancer ne revienne pas et mon mari non plus. »

Décidément aujourd'hui les prières des pèlerins décoiffent.

— Le cancer d'accord, mais le mari...

— Je barre le mari ?

— J'aime pas faire ça... c'est des pauvres gens.

— Oui mais on ne peut pas dire « Priez pour que mon mari ne revienne pas en pleine messe » quand même...

— Ben non.

— C'est peut-être un crétin, son mari...

— Si ça se trouve elle a eu son cancer à cause de lui...

— Si ça se trouve... Qu'est-ce qu'on fait ?

— Priez pour... que je guérisse, priez pour mes proches.

— Non, d'abord « Priez pour mes proches », ensuite « Priez pour que je guérisse ».

Sœur Claudette réécrit en gros la politiquement correcte phrase un peu censurée mais pas trop qui pourra être lue à la prochaine messe des pèlerins par le très myope père Dumas.

En descendant la tortueuse rue des Tables, au pied de la cathédrale, Guy s'aperçoit que Claude n'a pas de sac à dos.

Il lui demande s'il l'a oublié à l'hôtel mais Claude n'a rien oublié à l'hôtel, Claude porte son vieux costume noir en lin, autrefois assez classe qui ressemble maintenant à une serpillière, et c'est tout, absolument tout. Guy est terrassé.

— Ben comment vous allez faire ?

— Je sais pas... Je savais pas pour le sac.

— Mais la liste pour le sac, je vous l'ai donnée la liste...

— Vous me l'avez donnée la liste ?

— Oui, chez le notaire, je vous ai donné une liste à chacun chez le notaire... À tous les trois...

— Ah peut-être.

— Mais Claude, c'est pas peut-être, c'est sûr. Vous savez on est partis pour deux mois et demi... Sans sac à dos ça va pas le faire, vous aurez quand même besoin de certaines choses... Déjà rien qu'avec vos chaussures là, vous êtes mal...

— Ah bon ? Non, c'est des super-bonnes baskets, je les ai depuis quatre ans...

— Et s'il pleut, vous en avez un de K-Way ? Et des slips de rechange, vous en avez ?

— Je sais pas, je trouverai ça en route non ?

— Attendez Claude, on marche pas sur l'autoroute, on marche sur des GR, des chemins en pleine cambrousse, vous voyez ? Y aura pas des Auchan, des Carrefour et des Mammouth à tous les coins de rue Claude...

— Peut-être que quelqu'un me prêtera des trucs ?

Devant une telle montagne d'inconscience, Guy n'a plus d'arguments.

Fermant la marche, Saïd et Ramzi discutent à voix basse.

Ramzi sent que quelque chose ne correspond pas tout à fait à l'idée qu'il se faisait du pèlerinage à La Mecque.

— Hé Saïd, pourquoi y a que nous comme Arabes dans le groupe ?

Saïd lui répond en mentant avec un aplomb sans faille, poussé par un mobile noble et impérieux : l'amour.

— Ah mais y a pas que nous comme Arabes...

Voyant Mathilde, marcher devant lui, son foulard autour de la tête, les ailes de l'improvisation lui poussent dans le dos :

— Regarde y a elle, Mathilde, elle porte le foulard elle...

— Oui mais normalement il devrait y avoir plus d'Arabes que ça qui vont à Saint-Jacques-La-Mecque tu crois pas ?

— Ah mais pas du tout ! Maintenant tous les gens y veulent y aller là-bas...

— Ah oui ? Qu'est-ce qu'y a là-bas qu'est bien ?

Ramzi aime quand on le mène en bateau : il se tient sur le pont, la brise marine le caresse, devant lui s'étalent des océans remplis de dauphins amicaux, la houle le berce comme autrefois les bras de sa mère aux yeux bordés de khôl...

Saïd lui aussi se laisse aller à rêver un pays de cocagne, un pays sans béton, sans humiliation où les Saïd et les Mohamed seraient chez eux :

— Ben tu vois là-bas personne paye son loyer, il fait beau tous les jours, on est bien, on travaille, un peu, après on se repose, beaucoup... Là-bas tout le monde sait lire, même ceux qui sont teubê...

Le visage de Ramzi s'assombrit, le rêve de Saïd est venu buter sur le clou planté dans le cœur de Ramzi.

— Je le sais bien que je suis teubê, t'as pas besoin d'me l'dire.

— J'ai jamais dit que t'étais teubê...

— Si tu l'as dit...

— J'ai dit là-bas tout le monde sait lire, qu'est-ce que j'ai dit d'autre ? Là-bas y aura peut-être quelqu'un qui saura t'apprendre à lire, c'est tout ce que j'ai dit... Et puis si tu sais pas lire c'est qui que ça dérange ? Non mais sans rire, c'est qui que ça dérange qu'un mec il sait pas lire ?

Ramzi s'arrête et regarde Saïd dans le blanc de l'œil :

— Ma mère.

*

La petite troupe se trouve maintenant à la sortie du Puy-en-Velay, sur la fameuse colline vue un peu plus tôt depuis le porche de la cathédrale, colline qui une fois qu'on a le nez et les pieds dessus, perd une grande partie de sa poésie et se transforme en une redoutable côte à vingt pour cent.

Début sanglant pour des novices peu entraînés.

Une vingtaine de mètres derrière tout le monde, fermant la marche, Pierre est pendu à son portable, asphyxié. Il parle à voix basse.

— Vous êtes là Robert ?

Robert, quelque part en ville, est en train de lire son horoscope, assis dans la BMW de son patron, plutôt heureux.

— Je suis là monsieur.

— Et alors, qu'est-ce que vous faites ?

— Je vous cherche monsieur... Je ne sais pas où vous êtes...

— Ben magnez-vous mon vieux, renseignez-vous, démerdez-vous !

— Je me renseigne, je me démerde monsieur.

— Le chemin vous demandez, le chemin de Saint-Jacques...

— Le chemin de Saint-Jacques...

— Tout le monde connaît ce truc-là au Puy-en-Velay...

— Certainement tout le monde connaît ce truc-là au Puy-en-Velay... Mais est-ce que les voitures peuvent aller sur le chemin de Saint-Jacques ?

— Mais évidemment qu'elles peuvent y aller puisque j'y suis moi, là, sur une route goudronnée, une côte même, faites vite Robert parce que j'en ai marre là... Ça monte.

— Je comprends monsieur, ça monte.

Quoique la technique du « je répète tout ce que dit monsieur » dispense la plupart du temps Robert d'une quelconque initiative, cette fois il va bien falloir agir et trouver ce bon dieu de chemin. Robert lâche à regret son horoscope qui lui annonçait qu'il allait passer cet été d'inoubliables vacances au soleil et rencontrer l'amour de sa vie, pour se mettre à la recherche de son patron.

Marchant quelques mètres devant Pierre, Clara parle avec Mathilde, mais elle est obnubilée par son frère et ses contorsions téléphoniques.

— Regardez-moi ce crétin pendu à son portable ! C'est mon frère. Il est en train d'acheter des actions en Bourse... Vous en faites souvent de la randonnée vous ?

— Oui souvent... Enfin, là, pas depuis quelques mois parce que j'étais...

Au moment où Mathilde, heureuse de trouver une compagne de marche, allait se livrer un peu, parler d'elle, de sa maladie, de ses longs mois de chimio, Clara l'interrompt brutalement :

— Non mais regardez-le... Oh ! Je le crois pas. C'est sa voiture qui arrive. Il boursicotait pas du tout, il appelait son chauffeur ! Ce roublard, il va monter la côte en BMW !

Mathilde se retrouve seule avec sa parole coupée, ses mots arrêtés en plein vol, embarquée dans l'ouragan de haine de Clara.

Robert, au volant de la BMW, est en effet parvenu à localiser son patron et s'approche de lui. Pierre, soulagé, ouvre en douce la portière de la voiture et balance son sac à dos haut de gamme sur le siège arrière.

Clara, indignée par tant de lâcheté et de tricherie abjecte, se met à brailler dans la direction de Pierre :

— Hé, si tu crois que je t'ai pas vu poser ton sac dans ta caisse grosse nouille ! Il faut toujours que t'aies un traitement de faveur hein... Tu peux même pas porter un malheureux sac à dos, lavette !

Pierre claque violemment la porte de la BMW et ordonne à son chauffeur :

— Vous m'attendez en haut de la côte.

Robert, sentant venir un gros danger en la personne de cette forte femme capable d'injurier ainsi son patron, démarre au quart de tour.

Pierre se place au milieu de la chaussée, prend une grande goulée d'air et catapulte toutes ses munitions en quatre mots bien envoyés :

— Ta gueule, la grosse !

Cette injure un peu exacte, probable réminiscence d'insultes proférées dans l'enfance à propos de billes volées ou de carrés de chocolat mal partagés, venant de son frère plein aux as sans enfants et sans soucis, dont elle aurait si souvent voulu qu'il la réconforte, heurte Clara en plein cœur.

Plus rien d'autre n'existe alors que la colère, l'envie de tuer.

Elle se rue dans la pente, à une telle allure que rien au monde ne pourrait l'arrêter.

Pierre, figé au milieu de la route, regarde le boulet de canon arriver sur lui, hypnotisé comme quand il avait dix ans et elle neuf, et qu'elle le battait encore dans les combats au corps à corps.

Elle arrive et lui bombarde une baffe en pleine figure, une baffe, mais une baffe...

Hurlements de Pierre, le pugilat commence.

Les combattants s'écroulent sur le macadam, roulent ensemble, enlacés, les mains cherchent à s'enfoncer dans les yeux et les trous de nez, les claques fusent, les habits se déchirent, les cheveux s'arrachent dans les vociférations et les insultes, on est dans une cour d'école communale.

Le reste du groupe s'est arrêté, stupéfait.

Guy court vers les adversaires, tente de les séparer.

Mais Clara et Pierre ne veulent pas être séparés, ils éjectent Guy loin de leur champ de bataille.

Guy revient à la charge, s'interpose, tombe et roule à son tour en essayant d'arrêter Clara qui, à genoux sur le ventre de son frère, le bourre maintenant de coups de poing.

Clara et Guy, encombrés par leur sac à dos qui ballotte de droite à gauche ressemblent à de lourdes tortues. Guy parvient encore à séparer le frère et la sœur, les maintenant chacun à un bout de ses bras, mais Pierre et Clara, aveuglés par la haine, ne le voient même plus, ils se menacent :

— Tu la veux celle-là, tu la veux ?

— Vas-y, vas-y, gros porc...

Et la grosse claque part, envoyée de toutes ses forces par le gros porc alias Pierre, et elle atterrit, bien claquante, bien cinglante, sur la joue de Guy.

Là quelque chose s'arrête, il y a erreur, tous se figent, ce n'était pas prévu au programme.

Guy, après un léger temps de récupération, se ressaisit, explose :

— Non mais ça va pas de vous battre comme ça non ? Vous êtes pas complètement cinglés non ! Alors moi je vous préviens je ne fais pas le guide dans ces conditions, OK ? Vous vous faites la gueule si vous voulez, mais les coups ça non y a pas moyen. Je suis responsable moi, j'ai un groupe à emmener à Saint-Jacques, ils ont payé pour ça, je les emmène c'est tout, et personne fout le bazar dans le groupe OK ? On est partis pour deux mois et demi à vivre ensemble on commence pas la galère le premier jour, il n'en est pas question.

Grand silence.

Guy a calmé le jeu avec autorité, il repart, furax, se tenant la joue. Cette claque lui a fait sacrément mal.

Clara et Pierre se sont ressaisis, honteux et très chiffonnés.

Tout le monde suit Guy, le voyage commence.

Claude, aimable et fayot, trottine à côté de Guy, lui demande d'une voix doucereuse :

— Et c'est comment qu'on s'organise pour la bouffe ?

Le chemin a définitivement quitté le goudron et forme maintenant un serpent rouge grimpant à flanc de coteau, au milieu des prairies. Ça monte raide.

Autour du Puy-en-Velay, ça monte et ça descend, mais en gros ça monte plutôt. Personne n'a l'entraînement ni ne s'attendait à ça.

En queue du peloton Pierre, qui a dû dire au revoir à son chauffeur et récupérer son sac à dos, peine, en eau.

Devant lui, Claude s'en sort à peu près vu qu'il ne porte rien.

Clara s'efforce de ne pas se laisser distancer par les jeunes qui marchent derrière elle, elle souffre. Guy et Mathilde sont en tête. Camille a pris un peu d'avance, Saïd la rattrape.

— Purée t'as la forme...

— Ça va oui... Dis donc, c'est quoi cette histoire de La Mecque ?

— C'est Ramzi, il croit qu'on fait le pèlerinage de La Mecque.

— Mais on va pas du tout à La Mecque là...

— Non, mais c'est sa mère qui voulait, pour qu'il apprenne à lire.

— Mais c'est pas à La Mecque qu'il va apprendre à lire.

— Ben non justement...

— Justement quoi ?

— Ben justement, on n'y va pas.

— Oui mais lui, il croit qu'il y va lui.

— Oui mais lui, il est un peu... tu vois... un peu...

— Gogol ?

— Non, juste un peu naïf si tu veux.

— Il est pas naïf, moi je lui apprends à lire demain si ça se trouve.

— Ah ça, ça serait bien...

— Mais toi pourquoi tu vas à Saint-Jacques ?

— Eh ben parce que je... Parce que je connais quelqu'un qu'est parti là-bas.

— Qui ça ?

— Hein ? Quelqu'un... Et toi, t'as connu ça comment ?

— C'est mon oncle comme cadeau pour mon bac il nous a payé ça à ma copine et à moi. La mère de Ramzi elle t'a prêté de l'argent ?

— Oui un peu...

— Pour aller à La Mecque ?

— Oui.

— Dis donc, c'est pas une grosse arnaque que t'es en train de manigancer là Saïd ?

— Moi ? Pas du tout.

Camille est exaspérée par sa propre attraction pour Saïd.

Elle se méfie de lui comme de la peste, elle sent qu'il manœuvre autour d'elle depuis des mois. Les autres copains de son âge, s'ils veulent sortir avec elle, le lui demandent, flirtent, mais lui non.

Il est juste là, toujours là, tellement beau qu'on pourrait s'évanouir, et rien, il ne demande rien, il manigance, il écarte les autres, fait le vide autour d'elle. Elle rêve de lui souvent, elle se sent bien quand il est près d'elle et en même temps elle voudrait l'envoyer paître, le déteste. Gros nœuds emmêlés.

Saïd tremble d'amour quand il est loin d'elle, se comporte comme un copain un peu distant dès qu'il l'approche. Il doit se barder de froideur pour ne pas se laisser emporter par le torrent de son désir. Il l'observe depuis des mois, il connaît sa force et son indépendance, il sait qu'au moindre faux pas le fil ténu qui les relie pourrait casser. Elle n'a pas une once de coquetterie, elle avance dans la vie comme un grand bateau qui fend les vagues, simple. Elle n'a aucune idée de sa prodigieuse beauté. Saïd lui, connaît les moindres contours de ses hanches, de ses seins, quand elle lui parle il oublie souvent de l'écouter pour regarder cette peau incomparable, transparente et rosée, ces joues lisses, ces yeux dont il ne parvient toujours pas à nommer la couleur, oscillant entre le vert et le doré.

Un peu plus loin, Elsa et Ramzi discutent et font connaissance.

— Ça fait longtemps que tu la connais Camille ? demande Ramzi.

— Oh oui, depuis bébé...

— Mais t'habites pas dans notre téci ?

— Non. C'est ma mère qu'était copine avec la sienne.

— T'habites où toi ?

— Vers Solférino.

— Solférino ? C'est dans le neuf-trois ça Solférino ?

— Non c'est dans le septième.

— C'est quoi qu'y a comme ville dans le sept ?

— Dans le sept ? Euh... Y a pas de ville dans le septième... C'est le septième qu'est dans Paris plutôt.

— Ah ! T'habites Paris...

— Ouais... T'aimes bien marcher, toi ?

— J'adore trop... À c'qui paraît peut-être même qu'on verra des vaches.

— Ah oui, on en verra ça... Et tu sais pourquoi il est venu ici, Saïd ?

— On va à Saint-Jacques-La-Mecque.

— Et elle le savait Camille que vous veniez ?

— Non, on lui a fait la surprise.

Elsa ne comprend rien à cet imbroglio. L'idée que sa copine ait pu inviter son mec en douce sans lui en parler l'énerve grave : à ce compte-là elle aussi aurait pu faire venir un mec.

Le petit Ramzi est mignon mais bizarre, est-ce qu'il fait semblant d'être débilos ou est-ce qu'il est vraiment comme ça, brut de décoffrage ? En tout cas il est gentil, pas macho pour l'instant... Mais ça, c'est à l'usage que ça se vérifie.

Le groupe marche depuis plusieurs heures, le soleil tape.

Pierre, particulièrement mal en point, s'arrête et apostrophe Guy sans amabilité :

— Hé dites donc, monsieur le guide, ça fait combien d'heures qu'on marche là ?

— Un peu plus de trois heures...

— Et c'est quand qu'on mange ?

— D'ici trois quarts d'heure une heure...

— Ah non, moi je ne marche pas une heure de plus sans manger hein...

— Vous voulez faire une petite pause ?

Tout le monde approuve bruyamment l'idée d'une petite pause.

Guy a trouvé une prairie qui domine une vallée verdoyante. Les oiseaux expriment avec finesse leur existence laborieuse ou joyeuse, on ne saura jamais, mais enfin s'expriment. Les marcheurs, assis en rond dans l'herbe, ont posé leur sac, enlevé pour certains leurs chaussures, Guy fait passer un paquet de gâteaux.

Ce pourrait être un moment de pur bonheur, mais personne ne semble le prendre comme tel. C'est toujours après, quand tout est fini, passé, irréversiblement derrière soi que l'on voit comme on était heureux.

Pierre a sorti un arsenal de médicaments, il traficote ses pilules avec maniaquerie, les compte, les classe, les range par couleur, les avale en prenant un air de martyr, rite magique de l'angoissé de base.

Claude, toujours très à l'aise, entièrement soumis à l'immédiateté de ses besoins, a soif.

— On boit un coup ?

CLARA

T'as pas de verre.

PIERRE

T'as pas d'eau.

CLAUDE

T'en as toi ?

PIERRE

Oui pourquoi ?

CLAUDE

Pour moi...

PIERRE

Y avait une côte là tout à l'heure non ?

CLAUDE

Oui.

PIERRE

Dans la côte qui est-ce qui la portait l'eau ?

CLAUDE

C'était toi Pierre, tu es fort et courageux, rien ne te résiste et tu réussis tout ce que tu entreprends. Je t'admire Pierre.

PIERRE

Va chier.

CLAUDE

Tu me prêtes du papier-cul ?

Guy sent venir le danger. Entre ces trois-là, la nitroglycérine peut exploser d'une seconde à l'autre :

— Heu... Si vous pouviez trouver un mode de

communication qui ne passe pas par l'insulte, je pense que le reste du groupe apprécierait parce que là, nous allons passer plusieurs semaines ensem...

PIERRE

Attendez, je parle comme je veux, il n'y a rien dans le testament de ma mère qui dise que j'ai pas le droit de répondre à mon frère.

GUY

Non, mais entre répondre et insulter y a une petite marge qui fait toute la diff...

PIERRE

À ma sœur non plus d'ailleurs.

CLARA

Vas-y insulte-moi, j't'éclate la tête.

GUY

J'ai apporté le repas de midi pour tout le monde, une salade riz-tomates, avec du thon...

PIERRE

Me provoque pas.

GUY

... du fromage et des olives, un quatre-quarts pour le dessert...

CLARA

J't'éclate la tête, la rate et le buffet, j'te transforme en épluchure.

Guy

Allez, on marche encore une petite heure et on pique-niquera dans...

Pierre

C'est toi l'épluchure.

Guy

... dans un très beau site... Par contre à partir de demain je vous demanderais à tous de prendre votre repas dans votre sac. Vous connaissez la règle des randonnées : chacun...

Clara, sous le nez de Claude

... sa merde.

Guy

... porte lui-même ce dont il a besoin.

Clara

C'est ce que je dis.

Claude

Merci Clara, tu es un grand professeur de la grande Éducation nationale, je retiendrai ta leçon Clara : chacun sa merde.

Guy se lève, tout le monde l'imite.

Mathilde tend une bouteille d'eau à Claude :

— Allez... Arrêtez de vous disputer...

Clara

Ah, vous n'auriez pas dû... Avec lui il faut dire non dès le début. Il est P-DG d'une boîte d'aspirateurs. Il ne vous lâchera pas, tant qu'y aura encore quelque chose à pomper.

Claude boit un coup à la bouteille, un peu déçu que ce ne soit que de l'eau mais charmé par Mathilde.

Ils se remettent en route.

Mathilde trouve Pierre et Clara durs avec leur frère. Cette espèce de vagabond désinvolte et dépouillé la touche.

Plus tard, tandis qu'ils marchent dans une forêt sur un tapis d'aiguilles, Claude s'est rapproché d'elle. Ils cheminent dans l'alternance d'ombre et de lumière filtrée par les hauts arbres.

Mathilde, pleine de compassion :

— Ça doit être stressant P-DG...

— Pour qui ?

— Pour vous...

— Ah mais je ne suis pas P-DG moi, je ne suis pas stressé. C'est mon frère qui est P-DG, lui là, Pierre. Moi je suis chômeur, longue durée.

— Vous avez été licencié ?

— Ah non je n'ai jamais travaillé, j'ai toujours bu moi.

— Ah...

Claude enchaîne avec un sourire d'un charme à se damner :

— Alcoolique, alcoolique assisté je suis.

— Ah...

Claude se demande d'ailleurs quand il pourra trouver de l'alcool.

Son corps commence à souffrir du manque, ses mains à trembler, tout cela se passerait tellement mieux s'il pouvait juste avaler une petite rasade de whisky.

— Vous ne savez pas s'il y a des bars sur ce chemin ?

— Des bars ? Ah mais y en a plein des bars sur le chemin, on en croise tout le temps vous verrez.

Claude est soudain de très bonne humeur.

— C'est joli votre foulard, là, ça vous va bien.

Mathilde lui sourit à son tour.

Ramzi marche avec Guy, le bombarde de questions :

— Alors c'est quand qu'on en voit des vaches alors ?

— On en voit tout le temps des vaches, vous allez voir en Aubrac elles sont belles, elles ont comme du khôl autour des yeux, on dirait qu'elles sont maquillées.

— Non ? Elles sont maquillées les vaches, avec du khôl ?

— Ah oui, on dirait presque...

— C'est des vaches arabes ?

Guy n'est pas contrariant :

— Oui, un peu arabes...

— Et des moutons, on en verra des moutons ?

— Ah oui, plein !

— C'est normal, avec tous ceux qu'on tue pour l'Aïd...

— Comment ?

— Pour l'Aïd, à la fin du pèlerinage...

— Ah oui... Je ne sais pas si c'est ces moutons-là qu'on prend pour l'Aïd mais...

— Si si, ma mère elle me l'a dit.

— Ah, alors si ta mère te l'a dit.

— C'est que c'est sûr. Ma mère tout ce qu'elle dit c'est sûr.

Dans un petit ruisseau, Camille et Elsa se rafraîchissent.

Elsa a de l'eau jusqu'à la ceinture, Camille, se trempe les jambes. Elsa profite d'être seule avec Camille pour lui réclamer des explications sur la présence des deux garçons. Camille jure qu'elle ne savait pas qu'ils allaient venir.

ELSA

Mais c'est quoi ce délire de Saint-Jacques-La-Mecque ?

— Mais je sais pas... Je crois que Saïd a pris l'argent de la mère de Ramzi un truc comme ça...

— Ramzi il est un peu débilos non ?

— Non, il est juste un peu, je sais pas... naïf... pas tout à fait bête, il veut apprendre à lire.

— Il sait pas lire ?

— Non...

— Mais il a quel âge ?

— Quatorze ans, peut-être quinze...

— Saïd il est toujours amoureux de toi ?

— Mais j'en sais rien moi...

— Et toi c'est toujours ton grand amour ?

Ça c'est vraiment le genre de question qui met Camille hors d'elle. Comment Elsa peut-elle prononcer ce mot ringard de « grand amour », et en parlant de Saïd en plus. Mais il n'y a rien entre elle et lui, rien. Elle en parle souvent, bon, mais c'est tout, des fois il lui a écrit des petits mots gentils et elle les a gardés, oui, et alors, on va pas en faire un fromage. Cette façon qu'a Elsa de tout transformer en roman pour midinette lui va sur les nerfs.

— Grand amour, grand amour, tu m'embêtes avec ton grand amour... Y en a pas de grand amour. J'y crois pas au grand amour.

Elsa ne comprend plus rien. Ni à la présence des garçons, ni à Camille dont elle sait très bien, parce qu'elle a des yeux pour voir et des oreilles pour entendre, qu'elle est vraiment amoureuse de Saïd, et ceci depuis de longs mois.

Il est midi, l'heure du vrai déjeuner.

Le métier de guide comporte de nombreuses obligations : veiller à la sécurité du groupe, connaître tous les gestes de premier secours, répondre aux questions concernant la flore et la faune que les marcheurs croiseront, confirmer, reconfirmer et re-reconfirmer les réservations dans les gîtes (car les gîtes, même réservés, sont peu fiables), garder une allure qui convienne aux rythmes de gens inégalement entraînés, faire en sorte qu'il n'y ait pas de conflit majeur dans le groupe, se débrouiller, aux passages dans les villages, pour faire les courses du pique-nique du midi, transporter lesdites courses dans son sac en plus de son paquetage, le soir, préparer lesdits pique-niques une fois que tout le monde est couché, accessoirement, garder un lien avec sa lointaine famille, et trouver des endroits agréables pour les pauses-repas et les siestes.

Donc Guy, ayant trouvé un bel endroit au bord d'un étang, au centre d'un vaste cirque de montagnes violettes, déballe le repas préparé la veille de ses noires mains : des boîtes en plastique, du pain, une bouteille de vin.

Claude adore l'idée de cette bouteille de vin que Guy a posée devant lui.

Pierre trifouille dans son tas de médicaments et manipule convulsivement ses bonbons anti-angoisse.

Chacun a sorti de son sac sa gamelle et ses couverts, sauf Claude qui n'a évidemment rien sorti de nulle part.

Guy fait passer la salade de riz, tout le monde se sert, mange avidement. Claude se passerait très facilement de manger, mais cette bouteille d'une alléchante couleur groseille l'obsède. Il se décide à attirer l'attention sur son cas :

— Euh... j'ai pas de gamelle.

Du tac au tac, Clara lui lance :

— Ben tu manges pas...

Guy lui tend son verre, Mathilde une cuillère. Claude les remercie chaleureusement et remplit son verre. Il boit à petites gorgées le doux liquide sanglant, jouissance décuplée par le manque.

Pierre demande à Guy :

— Dites donc cher ami, après le repas on marche encore combien de temps ?

— Environ quatre heures.

— Quatre heures ? On va encore marcher quatre heures ? Ça fera sept heures de marche aujourd'hui ?

— Oui, c'est la moyenne par jour.

— La moyenne par jour, la moyenne par jour, ça dépend pour qui mon vieux... Et il est comment l'hôtel ?

Malgré le ton du P-DG parlant à sa sous-sous-secrétaire que Pierre emploie chaque fois qu'il s'adresse à Guy, celui-ci garde calme et courtoisie :

— Je vous l'ai déjà dit, ce n'est pas un hôtel, c'est un gîte où nous allons.

— Et c'est quoi la différence exactement entre un gîte et un hôtel ?

— Le prix.

Clara ajoute :

— T'inquiète pas, tu vas très bien la voir la différence.

Guy a trouvé une forêt de hêtres pour la sieste. Les troncs courts et noueux se découpent sur la lumière crue du soleil au zénith, les branches basses font une ombre dense, les dormeurs sont abandonnés sur le sol, des racines pour oreiller, des feuilles et des mousses pour litière.

Saïd s'est débrouillé pour s'étendre près de Camille, il regarde le creux de sa hanche et ses cheveux éparpillés, brillants.

Ramzi dort en suçant son pouce. Claude, les bras en croix, rêve d'un tonneau qui lui remplirait le ventre de vin. Elsa, en position de fœtus, le visage concentré, semble travailler dur à son repos. Guy, assis contre un tronc regarde Mathilde et son beau visage douloureux toujours entouré de son foulard, d'une blancheur trop blanche.

Tout le monde voit bien qu'il n'y a pas de cheveux sous ce foulard, mais personne ne dit rien.

Seul Pierre est debout, tenant son portable bien haut devant lui, comme une bouée de sauvetage. Il exécute une danse étrange au milieu des arbres : la danse de la recherche du réseau.

Mais là, cette forêt a beau être enchanteresse, il y a zéro réseau. Pierre peste grave.

Plus tard dans cette journée qui semble ne jamais vouloir finir (les premiers jours sont les plus durs), les pèlerins souffrent. Claude marche seul, rouge, il tousse. Elsa a mis les pouces dans les bretelles de son sac pour soulager ses épaules sciées. À côté d'elle, Camille boitille :

— Je crois que j'ai une ampoule.

Clara et Mathilde peinent ensemble.

CLARA

Le souffle, c'est le souffle qui me manque.

MATHILDE

Vous verrez, le deuxième jour ça ira mieux.

— Ça m'étonnerait.

Fermant la marche, Pierre agonise. La distance qui le sépare des autres augmente à chaque instant.

Mauvaise humeur générale.

Guy galope en haut d'un empilement de rochers :

— Allez, encore une petite heure et on arrive au gîte.

Des regards hargneux lui répondent.

Pierre n'est plus visible, trop loin, seul. Il pleure de rage, son sac ultra-chic-ultra-lourd le torture.

Dans la lumière du soir, les marcheurs arrivent enfin au gîte d'étape, lessivés. Guy salue l'hôtesse, Raymonde, une vieille connaissance.

— Ah ! Guy... Comment ça va ?

— Très bien, merci... Aujourd'hui j'ai quatre filles et cinq garçons, ça ira ?

Raymonde est embêtée :

— Ah cinq garçons, ça va pas être possible, je n'ai plus que quatre lits de libres dans le dortoir des garçons. Y en a un qui va devoir dormir dans le dortoir des filles, au premier étage...

— Mais j'avais réservé...

— Ah oui mais il est arrivé des Allemands, ils ont pris les derniers lits... premier arrivé, premier servi hein...

— Le cinquième va pas tarder, vous lui expliquerez ?

Tous se répartissent dans les dortoirs, les garçons en bas, les filles en haut.

Le gîte est bondé.

Une bonne demi-heure plus tard, Pierre arrive. Raymonde lui explique la situation et lui indique où se trouve le dortoir des filles.

Pierre n'est pas content, mais il est trop épuisé pour râler. Il monte à l'étage et se retrouve au seuil d'une grande pièce où dix femmes, incluant sa sœur Clara, sont en train de s'installer, de se déshabiller, de préparer leur lessive et leur toilette. Pierre, extrêmement gêné, reste planté à l'entrée du dortoir et murmure un « bonsoir mesdames » d'une voix éraillée par la fatigue autant que par la timidité. Les dix femmes lui renvoient un gentil bonsoir, Clara le fusille du regard.

Pierre traverse tout le dortoir pour rejoindre le

seul lit libre, il s'y écroule, sans même enlever son sac, tortue à l'envers.

Elsa et Camille ont étalé leurs affaires de toilette sur leur lit : des shampooings, des après-shampooings, des crèmes pour le visage, pour le corps, les pieds, pour s'épiler, des parfums.

Mathilde, étendue, songe avec inquiétude à sa si grande fatigue, elle qui d'habitude courait comme une chèvre dans les montagnes.

Elle se demande si elle est guérie. Les médecins ont parlé de « rémission » totale. Comment une « rémission » peut-elle être totale ? Une guérison oui, mais une rémission c'est un répit, une accalmie, ça veut dire que c'est passager... On dit que le cancer revient toujours. Mais quand ? Elle remue ces noires pensées, seule au milieu de tous. Revoit le désastre de sa vie, son douloureux divorce, ses enfants adolescents et insouciants ne venant que rarement la voir à l'hôpital, la solitude implacable qui finit par encercler les grands malades, comme ces prisonniers lourdement condamnés que plus personne ne vient voir en prison, sauf leur mère. Mathilde a perdu la sienne il y a longtemps.

Et puis elle pense qu'elle n'est pas en prison, elle revoit les arbres de la forêt traversée ce matin et elle se dit, aujourd'hui c'était bien. Demain je suis vivante. Et je marche.

Elle se lève et va faire sa lessive.

Dans le dortoir des garçons, Saïd et Ramzi vident le maigre contenu de leur sac, sortent un bout de savon. Ramzi dit qu'il va « faire une douche ».

— Tu le laisses pas trop tremper le savon, lui recommande Saïd.

Saïd a reçu, comme tous les marcheurs, la liste du matériel à apporter dans son sac. Cette liste lui a fait froid dans le dos. Déjà que les économies de la mère de Ramzi pour envoyer son fils à La Mecque couvraient à peine les frais réclamés par Chemin Faisant pour la randonnée, alors la liste... Il a rempli les sacs avec trois fois rien, ce qu'il y avait de disponible à la maison et basta. Le savon, il a dû le couper et n'en prendre qu'un petit morceau, sa mère n'était pas d'accord pour qu'il l'emporte en entier.

Dehors, Claude, les mains dans les poches, jouit du paysage. Il vente, le ciel est noir sauf là où le soleil est en train de disparaître, jetant des rayons orange sur les prairies et les montagnes.

Mathilde, Camille et Elsa arrivent pour étendre du linge mais la corde est déjà toute occupée, elles mettent leurs affaires à sécher sur des pierres chaudes.

Camille et Elsa repartent vers le gîte en parlant bouffe, pâtes, sauces, tartes, fromage, elles crèvent de faim.

Mathilde s'attarde près de Claude qui lui sourit et lui demande :

— Ça va ?

— Oui...

— Fait bon hein...

— Oui... Vous n'avez pas du linge à laver ?

— Non non, j'ai rien... Ah, vous avez mis un foulard vert... Il vous va bien aussi celui-là.

Le repas du soir est servi sur deux grandes tables

dans une salle qu'éclaire le feu d'une cheminée de pierre où l'on peut tenir debout. Les pèlerins dévorent une soupe de légumes. Raymonde jette une bûche grosse comme un tronc dans le feu. Clara, plutôt à son aise dans cet intérieur spartiate, observe avec ironie son frère Pierre en train de se battre avec ses pilules :

— Alors ça te plaît le concept « gîte » ?

Pierre ne daigne pas répondre, il avale un cachet.

Raymonde apporte un plat de viande en sauce et un pichet de vin, Claude lui demande si c'est vrai que dans ce gîte le vin est à volonté. Oui à volonté, répond Raymonde.

Clara lance aimablement à son frère :

— Le pain aussi est à volonté. Bourre-toi donc de pain plutôt que de te bourrer la gueule.

— T'as raison, il vaut mieux que je me bourre la gueule au pinard et au pain parce que question bonne bourre, ça va être limité dans le dortoir !

— Je vous prie de remarquer l'extrême délicatesse de mon frère Claude, un poète.

Guy tente une diversion :

— Alors tout le monde a trouvé à se caser ?

Pierre râle :

— Oui, enfin moi je suis dans le dortoir des femmes, vous auriez pu réserver les lits pour tout le monde mon vieux.

— Excusez-moi, mais dans les gîtes on ne réserve pas les lits, le premier arrivé choisit son lit.

— Oui c'est ça, c'est l'anarchie.

Clara explique :

— Pour lui l'anarchie c'est quand il n'est pas servi le premier.

— Ta gueule, dit Pierre.

— La tienne avant la mienne, répond Clara.

Les « la tienne avant la mienne » partent toujours au quart de tour, comme dans un numéro bien rodé de duettistes de cabaret. Le frère et la sœur retrouvent leurs marques, leurs injures, leurs anciens plis.

Guy se tourne vers les jeunes :

— Alors, pas trop mal aux pieds les filles ?

Camille a les pieds en compote, Elsa le dos en charpie. Guy lui demande combien pèse son sac à dos. Elsa ne sait pas, elle ne l'a pas pesé. Guy lui explique que normalement le poids du sac ne doit pas dépasser un cinquième de celui du marcheur, l'idéal étant un sac de huit kilos. Le poids est l'ennemi numéro un du pèlerin. Ramzi demande avec inquiétude à Guy si son sac à lui n'est pas trop lourd.

— Ah non, pas le vôtre.

Dans le dortoir des filles, on se prépare pour la nuit. Pierre a déballé son barda sur son lit, sa vaisselle et tout un attirail de camping chic et fonctionnel qu'il range avec méthode. Une randonneuse l'interpelle :

— Monsieur, ça ne vous ennuierait pas de sortir un moment, le temps qu'on se déshabille ?

— Mais bien sûr, pas de problème...

Pierre sort en emportant son pyjama, il commence à se déshabiller dans le couloir.

À la cuisine, enfin seul, Guy prépare le repas du lendemain tout en téléphonant à sa femme.

— Oui ça va... Si si je peux parler là, ils sont tous couchés... Je prépare le repas de midi pour demain... Ça va, c'est le premier jour, ils sont crevés... Y a les frères et sœurs qui se castagnent, mais sinon ça va. Et toi ? Ah zut, combien ?... T'as appelé le toubib ?... Y a bien un toubib de garde... Attends, ne t'énerve pas, on va trouver une solution... Je suis en pleine campagne à quatre cents bornes de la maison, qu'est-ce que tu veux que je fasse ?... Mais non je ne te laisse pas tomber... Écoute Claudine, appelle Fred, je sais qu'il est pas en randonnée en ce moment, et demande-lui d'emmener la petite à l'hosto si t'es trop inquiète... Ben demande à la mère de Fred si elle veut bien garder Coralie et Pierrot pendant ce temps-là... Mais Claudine qu'est-ce que je peux faire ? Mais ne m'insulte pas, je fais ce que je peux... OK, t'as les trois gosses sur les bras, mais moi il faut bien que je travaille pour vous faire manger... Mais non je ne te reproche pas de ne pas bosser... Écoute, appelle Fred, c'est un super pote... Mais non je ne me décharge pas de tout sur toi... Claudine ?

Claudine a coupé. Mathilde est entrée pendant la fin du coup de fil, pour boire un verre d'eau.

— Excusez-moi.

— Non non, c'est rien... Y a mon gosse qui est malade.

— Ah... il a quoi ?

— On sait pas, trente-neuf cinq...

— Ça, les mômes malades, c'est dur quand on est loin.

Guy acquiesce en silence. Leurs regards se croisent, se fuient.

Mathilde repart vers le dortoir.

Guy pense. Pris au piège. Sa vie lui échappe. Quel boulot de merde il a choisi. Faire le guide, s'en aller huit mois de l'année faire le gentil papa pour les touristes et laisser ses propres enfants grandir sans lui.

Le voilà fini son rêve de jeunesse, de liberté, d'aventure. L'adolescent s'est évanoui, l'âge adulte est venu cogner au carreau avec son cortège d'embêtements : factures impayées, bébés pleins de crotte au derrière, maison à réparer, femme qui râle épuisée par les accouchements et les nuits blanches, qui ne supporte plus les longs mois de solitude, clients exigeants ou pire, absents, patron en difficulté, copains toujours louchant sur votre femme trop jolie, vous-même louchant sur la femme du copain, celle qui râlera peut-être un peu moins que la vôtre, en tout cas les premières semaines, disons les premières heures. La vraie vie quoi, insoluble, pas drôle, les pieds bien enfoncés dans la gadoue.

Il pense et repense à Fred, ce bon copain toujours prêt à rendre service, plus jeune que lui, très baraqué, une vraie armoire à glace ce Fred, un putain de beau mec en fait. Fred va le sortir de cette affaire, il va emmener la môme à l'hosto, ça va s'arranger.

La nuit est tombée, pas encore noire.

Assis dans cette cuisine, Guy est seul au milieu de sa vie. Le silence soudain le happe. Par la fenêtre, il voit la lune plate se lever sur la ligne encore visible du dos des montagnes, quelques vaches étendues ruminant calmement dans le pré, les yeux clos.

Il voit la beauté du monde.

Pierre, en pyjama, assis dans le couloir sur un tabouret miteux, attend le bon vouloir de ces dames. Une randonneuse l'appelle :

— C'est bon monsieur, vous pouvez venir.

Il revient dans le dortoir et poursuit le classement de ses affaires étalées sur son lit. La randonneuse demande à la compagnie si on peut éteindre. Tout le monde dit oui, sauf Pierre :

— Attendez une minute que je finisse de ranger mes...

La randonneuse a déjà éteint la lumière en souhaitant à tous une bonne nuit.

Pierre se retrouve dans le noir, il pousse comme il peut son trousseau de randonneur de luxe, une partie de sa vaisselle tombe par terre, vacarme. Les filles râlent, Pierre se glisse dans son sac de couchage, d'autres affaires tombent, une des femmes lui parle dans le noir, comme à un enfant de six ans, avec une autorité douce et terrifiante : « Silence monsieur, on laisse dormir les filles. »

Pierre, glacé, s'immobilise.

La première journée du chemin est toujours difficile, beaucoup se demandent ce qu'ils sont venus faire là, à galérer à pied comme des bœufs et à vivre en promiscuité avec un tas de crétins qu'ils ne connaissent même pas, au lieu de rester chez eux.

La première nuit ne se passe pas tellement mieux. La marche remue l'esprit autant que le corps, et voilà que les questions fondamentales sur le sens de la vie, les souffrances qu'on endure, pourquoi on les endure et comment on pourrait ne plus les endurer, se manifestent de façon impérieuse et mal venues dans des rêves évacuateurs de déchets, quelquefois annonciateurs de dangers, ou indicateurs de directions à suivre. Ces rêves qu'on ne comprend jamais, passerelles entre les êtres conscients et leurs déchirements intimes, si douloureux, si poignants et si utiles, drôles et malotrus parfois, vous plongeant souvent dans les tristes douceurs de souvenirs enfuis, ces rêves que nous rêvons tous, nous si différents, si semblables, sont notre seul vrai patrimoine de l'humanité. Un patrimoine que les touristes ne peuvent pas valoriser, qui ne s'achète ni se vend, virtuel et secret, intime et collectif, indispensable à nos vies. Là quelque chose nous dit que nous sommes reliés les uns aux autres par des souffrances ancestrales communes, des détours douloureux, par les énigmes de nos vies et par la paix qui survient quand les nœuds se démêlent.

Ramzi rêve qu'il se tient seul dans un champ, enveloppé d'obscurité.

Au loin apparaît un minuscule objet à deux pattes qui s'avance vers lui, c'est un A, en pierre, qui s'approche, grandit jusqu'à devenir un gigantesque édifice qui le domine de toute sa hauteur, puis se penche et tombe lentement sur lui. Ramzi se croit écrasé sous les pierres. Mais non, au dernier moment, il est parvenu à passer dans le triangle vide de la pointe du A. Il se croit sauvé, mais ce triangle, une fois au sol, se transforme en une profonde piscine remplie d'une eau noirâtre dans laquelle il se débat comme une sauterelle pour finalement disparaître, noyé.

Pierre rêve qu'il est assis dans son salon qui n'a plus de murs. Les fauteuils les bibelots et les lampes sont installés au milieu d'une vaste prairie.

En face de lui, assise dans un fauteuil Louis XV, sa femme boit dans un verre rempli d'un liquide rouge sang. C'est un verre magique qui se remplit au fur et à mesure qu'il se vide. Le fauteuil d'Édith est enfermé dans un cube fait de quatre parois de verre si hautes qu'elles se confondent avec le ciel. Dans le cube, l'eau se met à monter, atteint les jambes d'Édith, son torse, submerge son visage, monte toujours. Pierre s'approche et tambourine contre les parois de verre.

Sa femme ne le voit pas, elle continue à boire en souriant, sous l'eau. Bientôt le fauteuil se met à flotter, à monter avec l'eau, il monte et disparaît, emportant Édith, devenue un point infime dans les nuages.

Mathilde rêve qu'elle est debout dans un champ, coiffée de son foulard.

Claude marche vers elle, tenant entre ses mains le tuyau d'un gros aspirateur en forme de cloche. Il approche la cloche du crâne de Mathilde, aspiration puissante, le foulard disparaît, les cheveux sont arrachés, Mathilde devient chauve.

Derrière elle sont apparues deux rangées de lits d'hôpital, des lits de fer-blanc aux draps blancs allant jusqu'à l'infini. Dans chaque lit, un homme ou une femme chauve, en pyjama blanc, le visage pâle, nous regarde fixement.

*

Le lendemain, le paysage devient plus aride. Mathilde et Guy ouvrent la marche.

— Vous n'étiez pas à une randonnée à Belle-Île il y a deux ans, avec Fred comme guide ? demande Guy.

— Ah non, c'est l'Ardèche que j'ai faite avec Fred il y a deux ans.

— Ah voilà, il m'avait parlé d'une Mathilde très sympa, et même plus que ça, donc c'était vous.

— Oui, c'était moi. J'ai adoré cette balade.

— C'est un bon copain Fred, un super guide.

— Ah oui super, super beau mec en plus...

Guy ne sait pas pourquoi, mais franchement cette phrase-là l'agace. Il répond sèchement :

— Très.

Mathilde repense à cette aventure simple et courte qu'elle avait eue avec Fred, une belle histoire de cul, tendre et réussie, sans aucune demande d'investissement affectif ni de part et ni d'autre, la joie quoi.

C'était juste avant son cancer.

Guy repense à ce que lui en avait dit Fred, une fille « super belle », sans souci, deux nuits formidables, le cul facile et gai, la joie quoi.

Guy se dit que lui, il ne sait pas le faire ça, le cul facile et gai. D'abord déjà parce qu'il est noir, ce qui ne simplifie rien, ensuite parce qu'il n'a pas confiance en lui. Et puis il a un gros problème : il s'attache. Quand une fille lui plaît, il a envie de l'aimer, longtemps, il ne peut pas bander avec une fille de passage, ça le dégoûte. C'est vraiment un problème pénible. Si seulement il pouvait être comme ses autres copains, à baiser comme un lapin en s'en foutant... Qu'est-ce qu'il se prendrait comme bon temps...

Voilà maintenant plusieurs jours que les marcheurs sont partis du Puy, ils traversent l'Aubrac. Haut plateau, désert vert parsemé de rochers gris, de murets et de clôtures à barbelés encadrant les troupeaux en estive. La fameuse race des vaches blondes aux yeux charbonnés, les aubrac, y ruminent une herbe abondante. Autrefois, ceux qui restaient dans les plaines et n'avaient pas la chance de passer l'été dans la montagne avec les bêtes, disaient, pleins d'envie :

« Là-haut, l'été, il paraît qu'il y a des fleurs partout. »

Et c'est vrai. Partout.

Guy et Mathilde les voient eux, les fleurs. Les blanches, les violettes, les jaunes aux couleurs un peu criardes, qui font carte postale et éclatent de vitalité après sept mois d'enfouissement sous la neige.

Saïd ne voit rien, il cherche à résoudre ses problèmes de conscience. Camille l'a trop énervé quand elle l'a accusé d'avoir monté une grosse arnaque. Surtout parce c'est la vérité. La vérité, ça énerve trop. Mais enfin ce n'est pas *toute* la vérité. Et dire *toute* la vérité à Camille, c'est ce dont il est incapable. Il ne va pas comme ça lui balancer en pleine figure qu'il l'aime, que pour elle il est capable de toutes les arnaques, que pour elle il pourrait mourir d'amour.

Ce mot arnaque qui colle à la peau des rebeus, il le vomit. En deux secondes elle lui a plaqué cette étiquette d'arnaqueur sur le dos, comme une injure raciste. Il faudrait trouver une solution pour que cette « arnaque » devienne le triomphe de Saïd. Le rêve serait que Camille et la mère de Ramzi lui pardonnent son entourloupe et son larcin, l'une en comprenant qu'il a agi par amour, l'autre en découvrant que Ramzi sait lire. Depuis que Claude a traité sa sœur de « grand professeur de l'Éducation nationale », Saïd a une lueur d'espoir, il cherche l'occasion de sonder Clara. Sur cette route lisse d'Aubrac, il se décide à engager la conversation avec elle.

— C'est vrai ce qu'il a dit votre frère, que vous êtes prof ?

— Oui, de lettres oui.

— Et vous en connaissez-vous des méthodes pour apprendre à lire à ceux qui savent pas lire ?

— Ah non moi je suis prof de seconde, première et terminale, je ne suis pas institutrice.

— Non mais je pensais que les profs ils savaient apprendre à lire aux gens...

— Ah non j'ai pas la patience moi, c'est un sacerdoce d'apprendre à lire aux enfants.

— Un sacerquoi ?

— Une vocation, un don, c'est très dur, surtout dans certaines classes.

— Ça c'est vrai, justement mon cousin Ramzi il était dans ces classes-là lui... des classes de diskekcites.

— Dyslexiques.

— Oui, ceux qui lisent de travers...

— Y en a même qui ne lisent pas du tout dans les classes de dyslexiques.

— Ouais, ils lisent rien du tout hein, même un A ils savent pas le reconnaître. Ils voient un A comme ça devant eux, ben ça leur dit rien, mais rien du tout quoi...

— Ah oui, ils sont très handicapés.

— C'est pour ça, la mère de Ramzi elle dit toujours : « Il faut que Ramzi il apprend à lire, il faut qu'il apprend à lire. » Mais c'est pas le tout de le dire...

— Faut le faire...

Clara se demande au nom du ciel pourquoi Saïd lui parle comme ça tout à trac de gamins dyslexiques... Besoin de se confier ? De raconter sa vie ?

— Alors comme ça Ramzi il ne sait pas lire ?

— Ah non rien du tout, je vous jure hein... ni le A ni le B ni aucune lettre... Même « sortie » dans le RER il sait pas le lire...

— Ben dites donc...

— C'est pour ça, je me disais que peut-être quelqu'un pourrait lui apprendre... pendant qu'on marche, pendant les pauses.

— Ah oui, c'est une bonne idée ça.

— Vous par exemple, ce serait génial...

Ah voilà. Clara comprend maintenant le pourquoi de l'intérêt de Saïd pour sa personne. Elle flairait bien quelque chose.

Elle s'arrête net au milieu de la route, et sans prendre de gants l'envoie dans les roses :

— Ah non jeune homme, ne comptez pas sur moi pour une généreuse mission d'alphabétisation pendant ce pèlerinage. D'abord parce que ça me barbe, ensuite parce que comme prof à Épinay-sur-Seine dans un collège implanté au milieu des barres de béton, des gamins en perdition j'en vois toute l'année. Je dois leur apprendre l'accord du participe, les principes de narration, la vie de Jean-Jacques Rousseau et la versification au XVIIe siècle. Je rame, grave, mais je le fais et j'aime ça. Et les gosses j'arrive à les intéresser, beaucoup même. J'ai d'excellents pourcentages de réussite au bac. Mais apprendre à lire aux illettrés ça non, ça c'est sans moi, chacun sa m… sa croix.

Et elle le plante là.

Saïd voit ses espoirs de réhabilitation s'envoler, il reprend tristement la marche.

Ramzi parle souvent avec Claude, ils ont sympathisé. Claude lui demande s'il fait souvent de la randonnée.

— De la randonnée ? Non pas trop souvent, non.

— Moi, c'est la première fois moi. Je suis pas entraîné.

— Moi non plus.

— Mais vous, vous êtes jeune vous…

— Vous aussi.

— Faut le dire vite !

— Et c'est pour quoi que vous allez là-bas vous ?

— Moi ? Pour toucher l'argent de ma mère.

— Ah oui ?

— Elle était folle ma mère. Elle est morte, et pour toucher son argent il faut qu'on aille à Saint-Jacques ensemble avec mon frère et ma sœur.

Claude a prononcé ces mots avec un détachement olympien, Ramzi est bouleversé.

— Elle est morte votre mère ?

— Oui, y a un mois.

— Oh là là ! Elle est morte y a un mois votre mère ? Comment vous devez être triste ! Je m'excuse de vous avoir demandé ça, je savais pas… Putain c'est dur ça, perdre sa mère oh là là !… J'ose même pas y penser si ça m'arrivait !

Le ciel est gris, le vent se lève, l'orage gronde au loin. À la traîne, écrasé sous son sac, Pierre téléphone à Robert.

Celui-ci déguste une coupe glacée à la terrasse d'un bistrot du Puy-en-Velay.

— Dites donc Robert, il faudra qu'à chaque étape vous me trouviez un hôtel où je puisse passer des fax et aller sur Internet, parce que là...

— Oui des fax et Internet, mais on est quand même en pleine cambrousse ici, hein...

— En pleine cambrousse, en pleine cambrousse vous êtes marrant ! Mais débrouillez-vous mon vieux ! Vous appelez Chemin Faisant, vous voyez où on s'arrête et vous réservez dans les hôtels du coin, c'est tout...

— Les hôtels du coin, c'est tout.

— Ben oui... Il me faut un bureau volant tous les jours moi, les affaires continuent mon petit loup...

— Les affaires continuent mon pe...

— Je ne vous paye pas pour que vous vous tourniez les pouces quand même...

— Ah ben non, ah ben non quand même...

Pierre range son téléphone, pas content, Robert attaque la boule à la framboise.

La troupe passe au milieu d'un troupeau de vaches. Elles ont une démarche lente et molle, regardent passer le monde avec flegme, mâchant l'herbe en somnolant, elles regorgent de sensualité.

Ramzi est amoureux, enthousiaste, ceci dépasse ses rêves les plus fous, voir des vaches et des vaches, et de si près !

— Saïd, regarde, je le crois pas toutes ces vaches...

Le ciel est devenu noir, le tonnerre se rapproche, l'air devient électrique, étouffant.

Elsa s'assied sur le bord du chemin. Camille s'écroule à côté d'elle :

— T'as de l'eau ?

— Non, j'avais plus de place dans mon sac avec le pique-nique...

— Moi non plus.

Ramzi et Saïd arrivent à leur hauteur.

SAÏD

Alors ? Ça va les meufs ?

ELSA

Non.

CAMILLE

Arrête de nous appeler les meufs, s'te plaît...

SAÏD

Ça monte hein...

CAMILLE

Non, tu crois ? T'as pas de l'eau ?

SAÏD

Ouais...

Il sort une bouteille de son sac :

— Ah zut elle est vide... Ramzi, t'as pas de l'eau ?

— Si... je bois presque pas moi.

Ramzi donne sa bouteille d'eau, les filles se jettent dessus. Elsa dépose son sac :

— Continuez sans moi, je m'éclipse une seconde.

Tout le monde continue, Elsa disparaît derrière un buisson.

Ramzi demande tout bas à Saïd :

— C'est quoi m'éclipse ?

— Elle va faire pipi.

— Ah ouais... Mes clipses...

Derrière le buisson, Elsa n'est pas du tout en train de faire pipi, elle a ouvert son sac et entreprend de le vider. Le sac dégueule des tubes et des tubes de crèmes diverses et variées, Elsa n'en peut plus de transporter cet arsenal. Elle repense aux paroles de Guy : « Le poids est l'ennemi du marcheur », elle ne veut plus transporter son ennemi sur son dos. Elle garde un petit savon, et laisse tout le reste dans le buisson, y compris sa trousse de toilette matelassée rose. Elle reprend son sac à dos allégé, et repart en gambadant, toute gaite.

Pierre, qui ferme la marche, la voit sortir du buisson et courir.

Il se dirige vers ce même buisson pour « s'éclipser » et tombe avec surprise sur la montagne d'affaires abandonnées par Elsa.

Cette vision le chavire, il se prend lui aussi à rêver d'un sac allégé, mirage paradisiaque. Brusquement il cesse de résister, dépose son sac, le vide frénétiquement. Il jette avec hargne tout ce qui le fait souffrir depuis le départ, des tombereaux d'objets rutilants et superflus. Quand tout est vidé, il se calme, soulagé presque comme après un orgasme, il rejoint les autres sans peine.

L'orage n'a pas éclaté mais le vent se déchaîne, fatigant, énervant.

Le groupe, assis en rond, pique-nique. Claude se sert de haricots dans un verre qui lui sert d'assiette.

Pierre met aussi sa ration dans un verre. Guy s'étonne :

— Ben vous n'avez pas vos jolis couverts Pierre ?

— Euh non... Très bonne votre petite salade de flageolets mon vieux.

Clara en a soupé du ton paternaliste de son frère avec Guy.

— C'est pas ton vieux, c'est Guy.

— De quoi je me mêle ?

— Si tu veux le traiter comme un inférieur, appelle-le plutôt mon brave, mon vieux ça le fait pas, il est plus jeune que toi. Et plus beau.

— Tu cherches la castagne ?

— Tu la veux ma tomate dans ta gueule ?

MATHILDE

Non mais c'est pas vrai, mais arrêtez de vous bagarrer tout le temps... On va pas supporter ça tous les jours pendant trois mois !

ELSA

Ah oui c'est soûlant à la longue...

GUY

Ça va se calmer, c'est pas grave.

CLAUDE remet de l'huile sur le feu :

Trois mois c'est pas le pire, moi je les ai supportés seize ans, mais à seize ans je me suis tiré en courant.

CLARA

Ça, il faut dire que pour ce qui est de se tirer en courant, t'es champion toutes catégories, demande à ta femme et à tes enfants...

— Laisse mes enfants tranquilles.

— C'est toi qui les laisses tranquilles, à part pour leur emprunter du fric...

— Ta gueule.

— Oh ça, c'est faible comme réponse ça. Fais quand même un peu marcher ta cervelle de pois chiche imbibé d'alcool avant de parler.

Ramzi demande tout bas à Saïd si c'est un match qu'ils font. Saïd lui murmure :

— Tais-toi, tais-toi...

GUY

Mais arrêtez de vous provoquer tout le temps, vous n'avez plus quinze ans...

PIERRE

Vous, on vous a rien demandé, occupez-vous de la bouffe et venez pas nous faire la morale.

ELSA, à Pierre :

Oh mais hé, ça va pas de lui parler comme ça non ?

CAMILLE

Y a personne qui parle mal à Guy sinon moi aussi je m'énerve. J'ai pas payé ma randonnée pour me taper de marcher avec des racistes.

SAÏD

C'est pas ton oncle qui te l'a payée ta randonnée ?

Camille est sidérée par la question de Saïd :

— Et alors ? Je t'ai demandé ton avis ? Y a quelque chose qui te défrise ?

SAÏD

Oh mais eh, comment tu me parles là ? Y a rien qui me défrise, si t'aimes pas les frisés t'as qu'à le dire, hein...

RAMZI

Mais t'énerve pas, elle disait ça comme ça... (à Camille) Mais Camille, Saïd il disait juste que c'était pas grave, il disait ça pour être gentil...

CAMILLE

Raciste c'est pas grave ?

GUY

Mais personne est raciste ici, tout va bien.

CLARA

Ah non ? Y a personne qu'est raciste ici ? « Mon brave, mon vieux, occupez-vous de la bouffe », vous avalez tout ça sans problème vous ?

GUY

Écoutez les filles on va se calmer, on va faire une petite sieste...

CLARA

Allez les meufs à la sieste... Un petit Lexomil pour mesdemoiselles les hystéros ? Finalement faut pas se fatiguer à les défendre les gens, parce qu'à l'arrivée, plus tu les as défendus, plus ils te tombent dessus. Monsieur le guide, son idéal c'est l'intégration-pas-de-vagues, passer en gris devant les murs gris.

GUY

C'est beaucoup plus simple que ça madame, je veux juste garder mon boulot, j'ai trois gosses à faire bouffer.

MATHILDE

Excusez-moi, je m'en vais, j'ai du mal avec les conflits...

Elle se lève, s'éloigne rapidement.

Ramzi lui court après, la rejoint, lui parle tout bas :

— C'est pas grave, c'est parce que leur mère elle est morte qu'ils sont comme ça, elle est morte y a un mois leur mère c'est pour ça, ils vont très très mal... Imaginez que vous auriez perdu votre mère, vous aussi vous ireriez très très mal...

— Ça fait vingt ans que je l'ai perdue ma mère.

Ah excusez moi je savais pas que vous aussi Ah là là ! Ça fait vingt ans ? Mais quel âge vous aviez ? Ça veut dire... Vous étiez toute petite quand vous l'avez perdue... Ah la la... Excusez-moi madame, je voulais pas vous faire de peine... Ah la la que je suis con...

Le vent souffle maintenant en rafales, une grosse pluie d'orage égrène ses premières gouttes larges et chaudes. Ramzi pense à sa mère.

Quelques jours plus tard, le chemin est bordé de murets de pierres sèches, tout autour, de l'herbe jaune et rase à perte de vue. Pas un rocher, pas un arbre.

Chacun est dans ses pensées, chacun pas à pas travaillant sur sa vie sans s'en rendre compte.

Pierre essaye en vain de téléphoner, toujours pas de réseau, son espoir de « bureau volant » dans « les hôtels du coin » diminue de jour en jour.

Saïd et Camille se font la gueule depuis la bagarre du pique-nique. Aujourd'hui ils marchent l'un près de l'autre, sans se parler. Ramzi trottine à côté d'eux, triste.

— C'est le désert ici, on traverse le désert hein Saïd ?

— Ouais...

— T'as vu toutes les vaches avec du khôl qu'on a vues ?

— Ouais...

— Ça fait une heure que j'ai grave envie de mes clipses mais pour se cacher c'est pas le top par ici.

— Envie de quoi ?

Ramzi montre qu'il a envie de pisser :

— De mes clipses... Je vous laisse passer devant, me regardez pas.

CAMILLE

T'as envie de *t'éclipser*...

RAMZI

De t'éclipser.

CAMILLE

Mais non, de *m'éclipser*.

Ramzi est déjà loin, se laissant distancer par Saïd et Camille.

CAMILLE

Ramzi et la langue française c'est le Bronx.

Saïd marmonne dans sa barbe :

— Après tout ce que j'ai fait pour toi...

— Qu'est-ce que tu dis ?

— Rien.

— Si, t'as dit quelque chose...

— Non...

— Qu'est-ce que t'as fait pour moi ?

— Me traiter de frisé.

— Je t'ai jamais traité de frisé...

— T'as dit : « ça te défrise », ça se fait pas.

— Aussi t'avais qu'à pas parler de mon oncle qu'a payé le pèlerinage, ça se fait pas non plus ça.

— J'ai dit ça comme ça...

— Je m'en fous que tu sois frisé...

— J'ai pris l'argent de la mère de Ramzi pour toi... Je t'ai piqué ton portable un jour quand t'étais au sport, j'ai trouvé le numéro d'Elsa dessus parce que je savais que c'était ta copine, je lui ai demandé où t'allais cet été, j'ai pris l'argent de Noubia et je lui ai dit que j'allais emmener Ramzi à La Mecque pour qu'il apprenne à lire, et au lieu d'y aller, j'ai payé le voyage de Chemin Faisant pour être deux mois avec toi, voilà ce que j'ai fait pour toi.

— C'est moche d'avoir pris l'argent de la mère de Ramzi, la pauvre si ça se trouve c'étaient toutes ses économies...

— C'était pour être avec toi...

— Qu'est-ce qu'on va lui dire à Noubia quand on va rentrer ?

— Quand j'y pense à comment elle va me décapiter, je me dis je pars au Mozambique ma parole... En plus il saura même pas lire...

— T'es très mal.

— J'ai demandé à Clara là, la meuf qu'est professeur, si elle voulait lui apprendre à lire, mais elle veut pas, elle dit que c'est un sacerdoce les diskekcites.

— Dyslexiques.

— Dyslexliques. Pour être deux mois avec toi mais tu t'en fous...

Fin d'étape, tout le monde se plaint de ses pieds et du nombre de kilomètres parcourus.

Pierre râle plus fort que tout le monde :

— J'espère qu'y a du réseau au gîte parce que là moi y faut que j'appelle là. Je ne peux pas rester comme ça des jours sans téléphoner hein.

— Ne vous inquiétez pas y a une cabine de téléphone au gîte.

Soulagement général.

Ils voient au loin, perdu dans la pente d'une colline un minuscule abri qui se confond avec les rochers alentour. Vue de loin, cette cabane ressemble à un refuge de berger abandonné, certainement pas à une maison civilisée, il n'y a même pas de route pour y accéder autrement qu'à pied.

PIERRE

C'est ça le gîte ?

GUY

Oui.

CLARA

On va tous tenir dans cette bicoque ?

GUY

Ben oui...

SAÏD

Y aura un repas ?

GUY

Ouais très bon, c'est Denise la patronne qui l'apporte à six heures.

ELSA

Et comment elle peut apporter un repas pour neuf ?

GUY

On sera sûrement plus que neuf, y a dix-huit places dans le gîte. Elle vient en 4x4.

ELSA

Dix-huit places dans cette cabane ?

CLAUDE

Vous croyez qu'y aura de la bière ? Une blonde légère peut-être ?

PIERRE

Et où elle est la cabine de téléphone ?

GUY

Sous l'arbre.

Tout le monde plisse les yeux pour voir la sacro-sainte cabine téléphonique. Il n'y a que de l'herbe et des cailloux sous l'arbre.

CAMILLE

Y a pas de cabine sous l'arbre...

GUY

Non, mais y a du réseau sous l'arbre.

À peine arrivés au gîte, les randonneurs se sont rués sous l'arbre-cabine avec leur portable et parlent tous en même temps, une main bouchant l'oreille libre.

Mathilde prend les derniers rayons de soleil, étendue les yeux fermés sur une pierre.

Sur un rocher la surplombant, Claude la regarde en sirotant sa bière, mélancolique.

Ramzi s'est couché les bras en croix dans les pâturages, bercé par les cloches des vaches.

PIERRE

Vous ne m'avez même pas laissé de message Robert, je vous préviens que ça ne pas se passer comme ça, vous allez m'organiser un bureau volant ou alors ça va très mal se... Comment ?

ELSA

... Oui on est dans des très bons hôtels tout va bien... Non ne m'envoie rien j'ai tout ce qu'il me faut... Non pas en poste restante on n'y passe pas dans les postes... Non maman, je te dis, je n'ai besoin de rien, j'ai dû jeter la moitié de mes affaires parce que mon sac était trop... Mais maman je n'en n'avais pas besoin... C'est pas des objets dont j'ai besoin...

PIERRE

Mais moi je l'ai pas eu le message, je suis injoignable sur mon portable, y a *pas* de réseau là où je suis, y en a *jamais* de réseau... C'est la femme de ménage qui vous a prévenu ?... Ils l'ont emmenée à la clinique ?

GUY

Mais pourquoi ils l'ont gardée à l'hôpital ?... Mais y a pas de fièvre avec l'asthme normalement... Et ils sont où Coralie et Pierrot ?... Mais pourquoi tu les as laissés chez la mère de Fred ?... Et Fred il est où lui ?... Mais pourquoi il reste chez nous, pourquoi il est pas retourné chez lui ?

CLARA

Lucie tu laisses ton frère regarder un DVD le vendredi soir... Non, ce n'est pas *ton* ordinateur, c'est l'ordinateur de tout le monde... Bon passe-moi ton père... Mingo *je ne veux pas* que Lucie accapare l'ordinateur pour elle toute seule... Oui moi ça va... Si si on se bagarre, ils sont horribles... Les étapes sont longues, j'ai mal aux pieds... Écoute, il faut absolument que l'ordinateur... Hein ?

Le paysage ?... Tu sais je m'en fous du paysage, je le regarde pas le paysage... L'ordinateur est à *tout le monde.*

Saïd est près de Camille, il suit sa conversation avec inquiétude :

CAMILLE

... 48 52 30... Oui maman... C'est le numéro de la mère de Ramzi... Saïd il a plus de forfait c'est pour ça que j'appelle à sa place. Maman, tu peux l'appeler et lui dire que Ramzi et Saïd vont bien ? Mais tu lui dis pas que c'est moi qui ai appelé s'il te plaît... Tu lui dis que tu as reçu un message, comme ça, par quelqu'un qui avait ton numéro...

PIERRE

Vous remontez tout de suite à Paris Robert... Je m'en fous du bureau volant, vous foncez à Paris la voir... Oui tout de suite... Oui, vous me laisserez des messages... Vous foncez tout de suite Robert. Faites vite.

GUY

Bon ben moi je vais préparer le repas pour le groupe là, je vous laisse... Oui... Bonne nuit à vous deux aussi alors...

Guy et Pierre, passablement démolis, éteignent leur portable.

Denise arrive avec ses paniers de victuailles, accompagnée de son fils qui s'installe dans le jardin et propose aux pèlerins de tamponner leur credential. Des pèlerins lavent et étendent leur linge, se reposent et discutent pieds. La « discussion pieds » est un must des randonnées. Avec des marcheurs, on peut tenir une conversation de trois heures sur les pieds : tout le monde y va de son conseil pour les soins, se refile des tuyaux imparables, les crèmes et les pansements s'échangent. On regarde la taille et la nature des ampoules, sont-elles petites et rondes ou larges et plates, déjà crevées ou encore intactes, faut-il les vider ou pas, laisser ou enlever la peau morte, mettre du gras ou sécher avec du rouge, faufiler avec une aiguille ou couper aux ciseaux, toutes les écoles s'expriment vigoureusement, persuadées d'avoir la solution infaillible à ce problème, mais le fait est que les ampoules infestent toujours le chemin de Saint-Jacques.

Un peu à l'écart dans la prairie, Camille et Ramzi sont assis à une table en bois. Ces tables ont été fabriquées par Pierre, le mari de Denise. Le banc est attaché à la table, un travail d'ébéniste de campagne, solide et fonctionnel, fait pour durer, magnifique dans sa simplicité.

Camille, réconciliée avec Saïd et touchée par sa détresse face à l'illettrisme de son cousin, s'est décidée à donner des leçons de lecture à Ramzi.

Elle écrit des lettres sur une petite feuille de papier, Ramzi l'écoute, concentré.

— Ça c'est un A, OK ? A. Deux barres penchées, une barre en travers A. OK ?

— A.

— Ça c'est B, OK ? Une barre, deux ventres, B, OK ?

— B, OK.

— Si je mets B devant A, ça fait BA. OK ?

— OK, Ba.

— Donc ça, c'est ?

— Ba.

— Ben voilà, tu sais lire. Si t'as compris ça, tu sais lire, c'est tout.

— Je sais pas encore tout lire hein...

À ce moment, Clara sort du gîte, portant son linge mouillé à l'étendage proche de la table de Camille et Ramzi. Elle entend la dernière phrase de Camille. La pédagogie c'est sa vie, elle ne peut pas s'empêcher de s'intéresser puissamment à cette leçon, alors elle traîne à étendre son linge et sans en avoir l'air, écoute.

— Oui mais si tu sais tout lire, parce que ça c'est la base tu comprends, après c'est toujours la même méthode qu'on applique. Alors, après y a le C, un croissant de lune, OK ? C égal Ke.

— Ke.

— Alors si je mets C devant A ça fait quoi ?

— C devant A ?

— C, enfin Ke, parce que cette lettre on l'appelle C, mais on la prononce Ke, enfin on la prononce Ke devant certaines voyelles, parce que devant d'autres voyelles on la prononce Se, et même devant un H, on la prononce Che comme va-che, tu vois ?

Clara lève les yeux au ciel : ça, c'est de la choucroute comme explication, ça, c'est franchement nul, si elle s'y prend comme ça, elle arrivera à rien la petite. Clara, qui n'aurait pas voulu pour un empire apprendre à lire à Ramzi, se prend à triompher dans son for intérieur de l'échec programmé de la méthode de Camille. La grande professionnelle a flairé l'amateur chez la demoiselle, ça la fait bien rigoler.

Ramzi, docile et reconnaissant, fait semblant d'avoir compris :

— Ouais, va-che...

— Alors C devant A, ça fait ?

— Euh... Croissant de lune devant deux barres penchées...

— Ça fait Ca. Tu vois ?

— D'accord, Ca.

— Alors si je mets Ba devant Ca ça fait quoi ?

— Euh... c'était quoi ça déjà ?

— Ça c'était Ba.

— Et l'autre ?

— Ca.

— Ah oui Ca, je suis con, tu viens de me le dire... Alors ça fait... Caba. Comme un sac pour faire les courses quoi...

— Ah non ça fait pas Caba, ça fait Baca, parce que le Ba il était avant le Ca, tu vois ?

— Ah d'accord, Baca... Et ça veut dire quoi Baca ?

— Ah non mais Baca ça veut rien dire, c'était juste comme ça pour te faire comprendre comment les mots ils sont fabriqués tu vois...

Clara lève encore plus haut les yeux au ciel. Alors comme ça, le premier mot qu'elle lui apprend, il n'existe pas ! Ça, c'est la meilleure ! Et le petit qui lui tend la perche en trouvant un mot bien à lui qu'il connaît, cabas, non ça ne lui met pas la puce à l'oreille à cette baltringue de professeur. Clara aime bien le mot « baltringue », elle l'emploie souvent pour exprimer son mépris envers les hâbleurs incompétents. Présentement, elle se tient à quatre pour ne pas intervenir, elle préfère s'en aller.

Ramzi est complètement perdu :

— C'est trop cool...

Le soir, Denise a dressé le couvert sur deux grandes tables à l'intérieur du gîte et mis en route une flambée. Certains râlent sec parce que les premiers douchés ont pris toute l'eau chaude. Denise informe la compagnie qu'on ne peut pas recharger les portables car il n'y a pas d'électricité au gîte, seulement une toute petite installation solaire pour alimenter les trois ampoules des sanitaires et un peu d'eau chaude.

Tous dévorent la célèbre potée de bœuf de Denise, sa salade à l'ail, sa terrine maison parfumée, ses fromages qui sentent les fleurs des montagnes de l'estive et sa fameuse tarte aux fruits rouges dont la pâte croustillante se mélange aux moelleuses framboises. Gourmandise aiguisée par la marche. Les bonnes hôtesses ou hôtes des gîtes savent l'importance du « repas du pèlerin », le repas du soir.

À midi, la hantise du surpoids intérieur autant qu'extérieur restreint les rations que s'autorisent les marcheurs, ils se rattrapent le soir.

Au dîner, sur le Saint-Jacques, on retrouve les

amis qu'on a distancés ou qui vous ont doublés, « radio chemin » fonctionne à bloc, le bouche-à-oreille sur les gîtes, le temps, les difficultés des étapes, les gens croisés circule. Ceux qui en ont besoin racontent leur vie, d'autres les écoutent. Une solidarité lie ceux qui ont entrepris cette folie de marcher mille huit cents kilomètres pour rien, pour rien d'achetable en tout cas, pour détricoter leur vie, la repenser avec leurs pieds et leur tête.

Pierre, encore incapable de goûter un bonheur lorsqu'il se présente à lui, passe à côté de cet heureux repas. Il fouille son sac dans un état d'angoisse indescriptible, parle tout seul :

— Mais où ils sont ces putains de médicaments... C'est pas vrai ils étaient là... Guy !

— Oui ?

— Je n'ai pas mes médicaments.

— Ah...

— C'est une catastrophe.

Le silence se fait autour de la table.

— Ben où ils sont ?

— Je les ai oubliés.

— Comment ça ?

— Sur le chemin.

— Ben comment vous avez fait pour les oublier ?

— J'ai jeté une grande partie de mes affaires, et j'ai dû les jeter avec sans faire exprès.

Claude se tord de rire :

— T'as jeté une grande partie de tes affaires ? C'était trop lourd ?

— Ta gueule.

MATHILDE

C'est grave ?

PIERRE

Si j'oublie de prendre mes médicaments, même une fois, je suis foutu. Je ne peux pas tenir sans mes médicaments.

GUY

Vos affaires, vous les avez jetées avant ou après le repas de midi ?

— Avant.

— Alors à midi, vous ne les avez pas pris vos médicaments ?

— Non, je ne les ai pas pris à midi, j'ai oublié.

— Et qu'est-ce que vous voulez faire ?

— Ben retourner les chercher...

— Ah... Ce soir c'est impossible...

— Pourquoi ?

— Parce que dans une heure il fait nuit, l'endroit du pique-nique il est à quatre heures de marche d'ici, le temps d'y aller, de trouver où vous avez jeté vos affaires et de revenir, ce sera le matin.

Pierre est meurtri.

— Bien, je vois que tout le monde se fout de mes problèmes, je vais me coucher.

Dans un silence impressionnant, il empoigne son sac et monte se coucher.

CLARA

Il a l'air en pleine forme pour un mec qu'a pas pris ses médicaments à midi...

CAMILLE
Qu'est-ce qu'il prend comme médicaments ?

CLARA
Des trucs pour supporter son existence.

Les dortoirs sont répartis sur deux étages. Dans celui du haut, une douzaine de lits en bois sont alignés sous un toit pointu. Deux vasistas laissent entrer la forte lumière de la lune, les visages sont absorbés par les rêves.

Guy rêve qu'il erre dans une prairie désertique, une lanterne allumée à la main. Son groupe de randonneurs le suit. Ils arrivent devant une masure dont Guy ouvre précautionneusement la porte. Derrière la porte, ils découvrent un lit posé au milieu de la prairie, en plein vent, recouvert d'un drap blanc, sur lequel sont couchés un homme et une femme, nus.

Ils se font face et discutent aimablement.

Clara rêve qu'elle est attelée comme un bœuf, avec un joug, à une carriole qu'elle tire sur une terre lourde et grasse. Dans la carriole des enfants jouent et rient. Ciel noir et bas.

Claude rêve qu'il est assis dans une prairie devant une table. À côté de lui, debout, un homme âgé qui ressemble à son père le regarde tristement. Sur la table trône une montagne de boîtes de médicaments, de pilules et de seringues. Claude avale consciencieusement des poignées entières de pilules. Il sourit au vieil homme qui ne lui rend jamais son sourire.

Pierre se réveille en sursaut, il a des palpitations. Il prend à tâtons son portable dans son sac, se faufile entre les lits du dortoir et descend l'escalier sans faire de bruit.

Il sort du gîte et se dirige vers l'arbre à réseau.

Au moment où il franchit la barrière clôturant la courette, il se trouve encerclé par un troupeau d'une soixantaine de vaches venues se rassembler près du gîte pour la nuit. Les vaches aiment rester près des maisons le soir.

Pierre a d'abord peur, puis il leur parle doucement, elles s'écartent et le laissent aller vers l'arbre.

Pierre met les deux pieds successivement dans deux fraîches bouses tièdes. Il râle, sautille jusqu'à l'arbre et compose un numéro sur son portable tout en secouant ses pieds.

Dans la chambre de la clinique, Édith prend le combiné du téléphone et l'amène lentement à son oreille.

— Ah c'est toi... Non, je ne suis plus dans le coma, je rentre à la maison demain, Robert viendra me chercher. Oui, je dirai bonjour aux infirmières que tu connais. Non, ce n'est pas la peine de venir, je vais très bien. Oui, je ne boirai plus, je te promets.

Pierre lui parle avec une douceur prudente, comme quand il s'adressait aux vaches :

— Ne pars pas, s'il te plaît.

Édith reste silencieuse au bout du fil.

— Reste.

— J'aimerais bien partir...
— Je n'ai que toi.
— C'est long.
Pierre retient son souffle.
— C'est trop long.
— Je te rappelle demain ?

Édith raccroche, son regard va errer sur le réverbère qui luit dans cette rue déserte de Neuilly.

Pierre revient vers le gîte. Une dizaine de vaches sont entrées dans la courette par la porte laissée ouverte. Le reste du troupeau, est là, tout proche.

Pierre s'assied sur le banc et entreprend de nettoyer ses pieds, les vaches le regardent en ruminant. Un taureau monumental, monstre de muscles et de cornes tourne autour de lui. Pierre s'immobilise. Puis, dans le calme de la nuit, sa peur s'évanouit, celle du taureau aussi. Ils se regardent désormais amicalement. Pierre écoute la symphonie des souffles, beuglements brefs ou longs, ronflements, mastications, pets, flac flac des bouses et brusques cataractes jaillissant sous les queues et venant inonder les gentianes.

Il ne sait plus rien de lui-même, il sait qu'à cet instant, au milieu des vaches, sous la lune, il est heureux et qu'il aime Édith.

Le groupe marche sur une draille, un de ces larges chemins de transhumance tracés comme par un couteau qui aurait entaillé la terre du sud au nord, sans se soucier des accidents du relief. Les drailles courent droit dans les montagnes, sans faire de lacets, sans contourner les obstacles, comme devaient courir autrefois les hordes de troupeaux sauvages affamés qui les ont façonnées bien avant que les humains et leurs animaux domestiqués n'existent. Au printemps, un troupeau de moutons amené sur une draille devient incontrôlable, ensauvagé. Surexcités ils se bousculent pour monter, monter plus vite, plus haut, attirés par l'odeur même du chemin qui leur dicte leur direction, comme s'ils sentaient les traces des milliards d'animaux les ayant précédés et l'odeur de l'herbe qui les attend là-haut. À l'automne, la même frénésie s'empare d'eux pour redescendre dans les vallées, si on ne les arrête pas, en deux jours ils sont à Montpellier disent les bergers.

Sur le bord de cette draille de hauts poteaux en

granit brut, vieux de centaines d'années, placés là pour marquer le chemin quand il est recouvert de neige, ponctuent l'espace.

Pierre est encore pendu à son portable.

— Allô Robert ? Pour le bilan de la société il faudra... Oui elle est sortie du coma vous pouvez allez la chercher... Je ne capte plus là Robert... Ne me parlez pas Robert, je vous dis que je ne vous entends plus... J'entends un tout petit peu c'est tout... Oui il faut faire le bilan.

Il s'éloigne dans le pré à la recherche d'une bribe de réseau, minuscule et dérisoire silhouette qui fait son bilan dans l'immensité du haut plateau.

Claude porte sur son épaule un bâton sèche-linge auquel est accroché son caleçon. Il chemine près de Mathilde dont le foulard est mauve aujourd'hui. Elle a repris des couleurs et des forces, sa peau lumineuse a rosi, elle marche sans peine.

Ils se parlent avec plaisir, en sont au plus beau moment des histoires d'amour, quand on ne sait pas qu'on est amoureux, qu'on se raconte et qu'on s'écoute encore.

Claude, sorti de son autisme, questionne :

— Et vous ?

— Seize et dix-sept, un garçon et une fille...

— Ah... C'est le bel âge...

— Ouais... Et vous vous y arrivez avec la vôtre ?

Claude a oublié son récent rendez-vous avec sa fille qui s'est ruinée à lui payer son double whisky.

— Ah oui, moi avec la mienne ça se passe super bien. On s'adore.

Claude omet aussi de parler des trois autres

enfants qu'il a essaimés un peu partout et qu'il ne voit plus du tout.

— Elle vit avec vous ?

— Non, on est séparés sa mère et moi. Depuis très longtemps. Et vous ?

— Moi aussi. Pas depuis très longtemps...

— Ah oui...

Ils marchent, ruminant inconsciemment ces informations importantes sur les séparations, c'est-à-dire libertés des uns et des autres...

Claude devient lyrique :

— C'est drôle ces poteaux-là... c'est beau.

— Oui c'est beau... On est bien.

— Ah oui, on est bien.

— C'est rare d'être bien, mais là...

— Ah oui, là on est bien là...

Les amoureux débitent toujours d'incroyables platitudes avec une parfaite innocence, c'est là tout leur charme. Chaque mot qui sort de la bouche aimée semble une perle précieuse. Après quelques années, ou mois, ou semaines (à notre chère époque les rotations tendent à s'accélérer), les perles se métamorphoseront en crapauds puants, et alors ? Tout ce qui est pris est pris.

Ramzi est très curieux du mode de vie d'Elsa parce qu'il subodore qu'elle est riche. C'est la première fois qu'il voit une riche de près, il veut des détails :

— Oui mais quand même c'est pas rien d'habiter Paris...

— Y a aussi des pauvres dans Paris, tu sais...

— Oui mais pas comme dans le 93. T'es riche, toi ?

— Ouais, je suis riche, je crois.

— Par exemple euh... T'as une maison à la campagne ?

— Ouais, j'en ai une.

— T'en as combien de voitures ?

— Trois, je crois...

— T'as trois voitures !

— Et un 4x4 pour la montagne.

— Quelle montagne ?

— Quand on va faire du ski...

— T'en fais souvent du ski ?

— Ben l'hiver, oui...

— C'est bien le ski ?

— Ouais... Mais je m'embêtais, moi, au ski.

— Pourquoi ?

— Quand j'étais petite j'avais toujours la clef autour du cou.

— La clef de quoi ?

— La clef de partout, y avait personne dans les maisons, ma mère elle sortait tout le temps avec ses amis, y avait que la bonne...

— T'avais une bonne ?

— Enfin pas une bonne, une dame qui tenait la maison.

— Tu l'aimais bien ta bonne ?

— Ben oui beaucoup, c'était elle ma mère, et aussi la mère de Camille, elle s'occupait bien de moi.

— Et tes parents, ils sont gentils ?

— Ouais... Ils sont séparés.

Ramzi est triste pour elle :

— Ah, ils sont séparés... Mais quand même t'es riche !

— En argent, oui...

— C'est déjà ça !

— Je m'en fous de l'argent.

— Parce que t'en as...

Saïd est tout seul, il fait la tête.

Fermant la marche, Clara s'est rapprochée de Camille, la questionne :

— Qu'est-ce qu'elle fait votre mère ?

— Elle est directrice de lycée dans le neuf-trois.

— Ah d'accord, vous êtes fille de prof...

— Oui. Mais je veux pas devenir prof moi.

— Ben tant mieux !

— Comment ça tant mieux ?

— Non mais sans vouloir vous critiquer, j'ai entendu votre leçon de lecture l'autre soir, vous n'avez pas trop la bosse de l'enseignement hein...

— Ah non ?

— Vous allez lui mettre la cervelle en compote à ce pauvre Ramzi. Avec votre méthode, si dans dix ans il sait lire son nom, moi je bouffe un balai.

— Mais j'ai pas de méthode, j'y vais comme ça, au pif...

— Ah mais c'est qu'avec les dyslexiques, on peut pas trop y aller au pif vous savez...

Elles ont rattrapé Saïd qui traîne des pieds. Clara l'apostrophe :

— Ça va Saïd ?

— Non, je crois que j'ai une ampoule.

— Ah ça les ampoules...

Il s'assied au bord du chemin, enlève une de ses chaussures, Clara continue à avancer, Camille reste avec lui.

— T'es pas contente que je sois venu avec toi ?

— De quoi ? Si je suis contente...

— Tu me parles pas, tu t'en fous de moi...

— Mais pas du tout.

— Si j'étais pas là ce serait pareil ?

— Où tu veux en venir Saïd ? Vas-y accouche.

— Comment ça accouche ?

— T'es venu pour me draguer ? Tu veux baiser ? C'est quoi ton plan ?

— Rien je suis bien avec toi, c'est tout...

— Tu m'as demandé mon avis avant de venir ici ?

— Non.

— Ben moi je te le donne, si je suis partie sur les routes pendant trois mois, c'est pas pour me retrouver avec les copains du bahut.

— Pour toi je suis un copain de bahut comme les autres ?

— Oui.

— Ben tu vois pour moi, toi t'es pas une copine comme les autres.

— Attends, c'est quoi ça ? Tu me fais passer mon agrég de culpabilité ?

— Ton agrég de quoi ?

— J'ai pas envie de m'encombrer la tête avec des histoires compliquées, tu peux le comprendre ça ?

— Avec moi c'est compliqué ?

— Oui avec toi c'est compliqué.

— Je vois pas ce qu'y a de compliqué... Je te kiffe c'est tout, c'est très simple.

— Mais voyons, mais c'est bien sûr... Mais moi je te kiffe pas Saïd, y aurait trop de choses à mettre au point avec toi...

— Qu'est-ce qu'y aurait à mettre au point ?

— Mais regarde comment tu m'envahis... Ça fait cinq minutes qu'on est en train de parler de trucs qui m'intéressent pas, on est arrêtés, on va perdre les autres... Lâche-moi Saïd, lâche-moi, c'est tout.

Camille se remet en marche, Saïd lui emboîte le pas.

— Bon, d'accord, je te lâche... Où t'as vu que je te lâchais pas ? Je te demande juste ce que tu veux qu'on mette au point, c'est tout...

— Y a rien à mettre au point.

— Mais si, tu disais tout à l'heure qu'y avait des choses à mettre au...

— Mais qu'est-ce que t'as ? Je suis ta pile pour te faire marcher ou quoi ?

Camille accélère le pas, laisse Saïd en plan.

SAÏD

Ben ouais...

Après la pause, Clara s'arrange pour parler avec Ramzi à l'écart des autres.

— Alors c'est bien les leçons de lecture avec Camille ?

— Très très bien, c'est très très bien.

— Ah ben je suis contente.

— Moi aussi.

— Non parce que Saïd m'a expliqué pour votre mère...

— Qu'est-ce qu'il a expliqué Saïd ?

— Que votre mère serait très heureuse que vous sachiez lire en revenant...

— Ça, c'est vrai.

— Ben comme ça, elle sera contente.

— Oui, mais quand même c'est très difficile d'apprendre à lire pour moi. Parce que moi je suis pas que dysclexlique moi, je suis bête en plus.

— Bête ?

— Oui, bête.

— Peut-être mais enfin y a des méthodes pour apprendre à lire à tout le monde vous savez...

— Même aux débilos ?

— Vous êtes débilos ?

— Des méthodes comme celle de Camille ?

— Ah non pas du tout.

— Parce que Camille ça m'embrouille un peu sa méthode... Vous lui direz pas hein...

— Non...

— La vérité, je suis tout emmêlé, j'y comprends rien.

— Ça va venir...

— Non, non, c'est pareil que toutes les fois où on a voulu m'apprendre, j'ai ma tête qui se transforme en semoule.

— Ah oui ?

— Peut-être que vous connaissez une autre méthode vous ?

— On peut voir...

— Mais faut rien dire à Camille...

— Non...

Elsa grille de savoir ce que Camille et Saïd se sont dit.

— Alors, il t'a parlé ?

— Ouais...

— Alors ?

— Ben je sais pas, il me dit qu'il me kiffe...

— Et alors ?

— Et alors rien...

— Tu lui as dit que tu l'aimes ?

— Ça va pas non !

— Ben pourquoi ?

— Je vais pas lui dire ça comme ça...

— Ben je sais pas moi. Depuis le temps que tu m'en parles de ce mec, quand est-ce que tu vas le lui dire ?

— Mais je vais rien lui dire...

— Arrête, t'en dors pas la nuit et ses petits mots tu les encadres, c'est ce que tu m'as dit...

— C'est pas vrai, je t'ai jamais dit ça, comme si j'encadrais ses petits mots...

— Si tu me l'as dit, tu m'as dit qu'il était trop beau, qu'il était pas comme les autres, que t'avais trop envie de lui.

— Mais t'es folle, mais tu me lâches oui...

Camille se dépatouille mal de ses contradictions, encore moins quand on les lui met sous le nez.

Au même moment, Ramzi vient aux nouvelles auprès de Saïd :

— Alors, tu lui as parlé ?

— Ouais ouais je lui ai parlé...

— Alors ?

— Ça marche d'enfer...

— Elle t'aime, elle te l'a dit ?

— Dis donc, tu vas vite toi.

— Ben ça fait longtemps que tu l'aimes, toi...

— Oui, mais tu vois avec les femmes, faut être patient. Moi, je suis cool, je lui mets pas la pression, tout roule... On a quelques trucs à mettre au point ensemble, tu vois... Mais ça avance tranquille, on n'est pas pressés.

Ramzi est impressionné.

— Tu sais y faire avec les femmes toi, c'est ça le truc...

*

Cela fait maintenant deux semaines qu'ils marchent.

Deux semaines dans le Saint-Jacques, c'est un tournant important. Le corps s'est habitué à l'effort mais l'esprit renâcle encore. L'envie du demi-tour ressurgit dans les moments difficiles. Justement Pierre traverse cette crise-là. Il a mal partout, mal au chagrin, mal à Édith. Il marche toujours seul, toujours à l'arrière, les montées le laminent. Soudain, au pied d'une énième côte qui s'annonce redoutable, il s'arrête. L'imbécillité de toute cette entreprise lui saute soudain aux yeux : mais qu'est-ce que je fais ici, je me contrefous de cet héritage... Là-bas, en haut, le groupe lui paraît trop loin pour qu'il puisse jamais le rattraper. Il perd ses nerfs, se met à crier dans leur direction :

— J'en ai marre ! Arrêtez-vous ! Holà ! Arrêtez ! Écoutez-moi !

Les marcheurs s'arrêtent, se retournent, Guy appelle :

— Houhou Pierre ? Ça va ?

— Non ça va pas, j'en ai marre, je suis trop fatigué, j'ai pas mes médicaments, j'arrête, je rentre chez moi, au revoir.

Il fait demi-tour.

Guy se met à courir après lui.

— Arrêtez, où vous allez ? Pierre... Où vous allez comme ça ?

Pierre fonce dans la descente, il hurle, sans se retourner.

— Je ne veux plus monter de côte, plus jamais.

— Quoi ?

— J'en ai marre je vous dis, j'en peux plus, ça monte trop, mon cœur il tient pas le coup, je m'en vais.

Il a craché ces dernières phrases dans la figure de Guy qui l'a rejoint.

Les deux hommes se sont arrêtés et se font face, ils ne se parlent pas, ils s'aboient dessus.

— Vous ne pouvez pas partir comme ça, je suis responsable de vous et du reste du groupe.

— Je pars je vous dis, ça monte trop, et ma femme est malade, et je n'ai pas mes médicaments.

— Qu'est-ce qu'elle a, votre femme ?

— Elle est tombée dans le coma parce que quand je suis pas là y a personne pour l'empêcher de boire, et moi je deviens fou ici avec personne qui me parle et je suis trop fatigué, j'en peux plus de vos côtes qui me démolissent le cœur. Vous êtes content hein de voir les autres souffrir et vous d'avancer à toute vitesse, ça vous fait bien rigoler hein, espèce de singe...

— Non ça me fait pas rigoler du tout. Moi aussi je voudrais bien rentrer chez moi, moi aussi j'ai mon gosse à l'hôpital et ma femme qui couche avec mon meilleur ami, moi aussi je deviens fou avec vous tous, tous ces gens qui ne pensent qu'à leurs problèmes et qui sont pas même foutus de voir comme c'est beau tout ce qu'y a autour de nous...

En haut de la côte, immobiles, les sept autres les regardent se déchirer, leurs voix leur parviennent par bribes inaudibles.

Tout à coup les deux hommes posent à terre leur sac à dos, s'assoient côte à côte sur les cailloux au milieu du chemin, se parlent.

Une légère brise se lève. Le reste du groupe observe les deux hommes là-bas, en bas de la côte, assis de dos, très près l'un de l'autre, qui ont tout oublié et se parlent.

Finalement Pierre continue le chemin.

Clara a conclu un pacte avec Ramzi, elle veut bien essayer de lui apprendre à lire, mais en secret. Ni Camille ni Saïd ne doivent le savoir. L'autre clause du pacte stipule que si Ramzi ne comprend pas quelque chose, il doit le dire et non pas faire semblant que tout va bien en laissant glisser les leçons sur lui.

Clara a voulu la clause du secret parce qu'elle n'est

pas du tout sûre de réussir, et qu'elle aurait la honte de sa vie en cas d'échec.

Le secret arrange aussi Ramzi. Il se sent coupable vis-à-vis de Camille qui a si gentiment essayé de l'aider et a dû ensuite y renoncer, vaincue par la totale inaccessibilité de son cerveau.

Pour leur première leçon, Clara et Ramzi se sont éloignés des autres au moment de la sieste. Près d'un gîte ils ont trouvé une table en pierre où s'installer et des fûts de hêtre coupés comme tabourets. Clara n'a pour toute arme qu'un bout de papier et un crayon noir déjà très entamé. Mais son expérience, ses convictions et son amour presque gourmand pour la pédagogie lui servent de manuel.

Ramzi a accepté la proposition de Clara avec politesse, il n'est pas contrariant, il est même plein de bonne volonté, mais il sait que rien ne marchera, que son cerveau ne tourne pas comme il faut, on le lui a beaucoup dit, il pense que c'est vrai, il est résigné.

Clara commence par une question inattendue.

— Est-ce que t'es bête Ramzi ?

La réponse fuse, sans états d'âme :

— Oui.

Elle s'attendait bien à l'obstruction sous forme de soumission passive, elle est blindée à ça, mais tout de même, chaque fois qu'elle la rencontre, l'autodestruction de l'exclu la rend malade. Elle se contient, reprend.

— Est-ce que t'es bête Ramzi ?

— Oui.

Elle encaisse encore le refus poli de Ramzi de toute intrusion dans son système de survie.

Elle revient à la charge, pose la question une troisième fois, un peu plus agacée, un peu plus pressante, presque en colère, la question qui est une demande : réponds-moi Ramzi, dis-moi que tu veux bien que je te soigne, que je t'atteigne, dis-moi que tu ne te prends pas pour une merde, dis-moi que tu t'aimes, même un tout petit peu.

— Est-ce que tu es bête, Ramzi ?

Quelque chose de la vraie demande de Clara est parvenu à se frayer un chemin à travers l'épais bouclier-barrage dont Ramzi s'est bardé pour ne pas souffrir toujours. Il bredouille tout bas, sans la regarder :

— Non.

Clara sent un immense poids s'enlever de son cœur, tout peut commencer, maintenant elle ne doute plus.

— Voilà, t'es pas bête. Tu n'es pas bête du tout. Moi je ne pense pas du tout que t'es bête, d'accord ? Alors puisque tu n'es pas bête on va pouvoir commencer. Est-ce que tu sais parler le français numéro deux ?

— C'est quoi ?

— Le français numéro un, c'est pour parler chez toi, avec ta famille, tes copains, dans la rue... Le français numéro deux, c'est pour trouver du travail, pour écrire, parler à la télévision, c'est le français des riches pour dire : « On est mieux que les pauvres. » Il faut que tu l'apprennes un peu.

— Je saurai pas.

L'animal se rétracte. Arme numéro deux, avancer

ses pions par une bonne provoc de base pour le faire réagir.

— Eh oui... T'es trop sous-développé.

Ramzi, très choqué, se réveille, se rebiffe.

— Non je suis pas sous-développé.

— T'es sous-développé ?

— Non.

— D'accord, t'es pas sous-développé, moi je ne pense pas que tu es sous-développé. Donc tu peux apprendre le français numéro deux pour niquer ceux qui disent : « On est mieux que les pauvres. »

— En français numéro deux on dit pas niquer.

Voilà, il mord, se dit Clara, il me conteste, me reprend, donc il m'écoute, il entre en relation, il me dit qu'il ne me laissera pas dire n'importe quoi, que nous sommes deux, il teste ma capacité à le considérer comme son égal.

— Tu as raison je m'excuse, je ne dirai plus jamais niquer pendant nos leçons.

— On dit, je vais apprendre le français numéro deux pour embêter ceux qui disent : « On est mieux que les pauvres. »

— Oui mais embêter, c'est moins bien que niquer comme mot, il faudrait trouver un mot qui soit aussi bien que niquer, mais qui soit dans le numéro deux...

— Euh ben... Pour emmerd... Non ça c'est du numéro un... euh... Faire chi... Non plus...

— Faire chier si... C'est très très bien faire chier, mais c'est dans le numéro un...

— Pour euh...

— Pour contrarier, pour agacer, irriter, énerver,

tourmenter, taquiner, excéder, déplaire, combattre, asticoter... Y en a beaucoup de mots... Lequel préfères-tu dans tous ceux-là ?

Ramzi la regarde se délecter de tous ces mots. Les mots, lui aussi il les aime les mots, des fois il les écrit dans sa tête en poèmes, des mots qu'il choisit dans tous les mots qu'il connaît, pas n'importe lesquels.

Choisir un mot c'est déjà ne plus subir la langue, c'est agir.

— Je préfèretu : combattre.

— On ne dit pas je préfèretu Ramzi...

— Je sais, mais c'est pour rigoler...

Ah d'accord se dit Clara, c'était la petite pointe d'humour du jour, il me dit qu'il sait jouer avec les mots, qu'il les aime.

— Bon, alors, tu préfèrestu combattre. D'accord, donc ça fait quoi la phrase avec combattre ?

— Ça fait : « Je vais apprendre le français numéro deux pour combattre ceux qui disent on est mieux que les pauvres. »

— Peccable.

Les marcheurs ont maintenant atteint les régions du Sud-Ouest, verdoyantes et vallonnées, ont passé les villes d'Espalion et son pont à trois arches enjambant la nappe bleue du Lot, de Conques, vaste supermarché pour cars de retraités que l'on plume sans vergogne, de Moissac et son cloître aux soixante-seize chapiteaux et piliers de marbre sculpté, tous uniques, cloître qui ferait envier l'état de moine au plus athée des incroyants, et bien d'autres merveilles indescriptibles et inconnues des guides touristiques.

Ils se sont rodés aux gîtes, aux lessives, aux repas communautaires, aux engueulades et aux inattendus moments de pure joie quand on leur offre un fruit sur le bord de la route, ou quand cesse une pluie battante.

Pierre ne parle plus de faire demi-tour, mais les relations avec son frère et sa sœur restent électriques.

Claude n'a toujours rien et n'a besoin de rien, sinon de s'arrêter dans les bars. Pour certains, le pèlerinage à Saint-Jacques c'est le chemin des trésors architecturaux et paysagers, pour d'autres celui de la recherche spirituelle, pour d'autres encore celui des rencontres, ou de la remise en forme, et puis il y a le chemin des bars. Claude fait le chemin des bars.

On s'est habitué à lui prêter un bout de savon ou des couverts, on supporte car il veille à maintenir une juste rotation des prêteurs. Quand il daigne faire un peu de lessive, il fait sécher alternativement son caleçon, sa chemise ou son pantalon sur un bâton, pendant la marche, silhouette dégingandée se promenant sans aucune gêne en caleçon, jambes nues dans ses baskets...

Personne n'oserait le dire, mais tout le monde pense que c'est lui qui a le mieux compris le concept « poids du sac » et chacun regrette de n'avoir pas eu le courage de faire comme lui.

Mathilde est séduite par cette désinvolture, cette apparente facilité à résoudre les problèmes. Angoissée majeure, elle retrouve la paix et la détente auprès de Claude.

Guy observe du coin de l'œil leur relation qui, quoique encore platonique, grandit et prospère.

Cela lui va sur les nerfs, lui confiné dans le rôle ingrat de l'organisateur de la vie matérielle, mais il se contient, reste impassible.

Saïd et Camille s'observent et se chamaillent comme deux jeunes loups qui s'approchent, se repoussent, s'aimantent.

Les tampons colorés remplissent les credentials.

Ramzi a croisé un nombre conséquent de vaches et de moutons sans que son amour pour eux diminue d'un iota.

Il aime bien faire les courses avec Guy dans les supérettes de village, espérant en vain que celui-ci achètera un jour un peu de junk-food :

— Guy, on peut prendre de la limonade, juste une fois ?

— Non, ça donne des gaz.

— Oh, y a du chocolat blanc, ma mère elle en achète jamais du blanc, c'est bon le chocolat blanc Guy ?

— Le chocolat en plein cagnard, ça fond dans les sacs.

— Ah ! Des chips ! C'est bon ça les chips pour la marche, hein Guy...

— Fais voir le paquet... Alors, arôme E621, antiagglomérant E551, acidifiant E330, hum, c'est génial pour toi tout ça.

— On le prend le paquet ?

— Tu veux t'empoisonner ?

— Ben on mange rien alors...

— Si, des légumes.

Sur les questions diététiques, Guy est intraitable.

Après les travaux d'approche, un jour derrière un rocher à l'heure de la sieste, Clara a attaqué la première vraie leçon de lecture.

— Alors, qu'est-ce qui t'intéresse comme sujet ?

— Le foot.

— Très bien, le foot. Qu'est-ce que tu veux apprendre à lire comme mot dans le foot ?

— Le mot foot.

— D'accord le mot foot. Alors le mot foot... C'est pas simple ça le mot foot. C'est de l'anglais... On va peut-être commencer par un autre mot ?

— Corner.

— Corner, euh... Oui... Euh... Non en fait. Corner, non.

— Goal ?

— Alors goal. Dis donc c'est tout des mots anglais que tu me sors là...

— Penalty ?

— Ben penalty, c'est très très anglais aussi ça comme mot... En fait tu veux me montrer que tu connais l'anglais comme ta poche, c'est ça ?

— Je connais pas l'anglais comme ma poche...

— Bon, alors est-ce que par exemple, « chaussures à crampons » ça t'irait ? Veux-tu apprendre à lire le mot « crampon » ?

— Ouais... Ou alors le mot Zidane, ou Ronaldo...

— D'accord, allons-y pour Zidane. Alors Zidane ça commence par un Z. Z c'est la dernière lettre de l'alphabet. L'alphabet c'est...

— Ouais mais en foot Zidane c'est le premier.

— Eh oui tu vois, quelquefois les derniers se retrouvent les premiers.

— Pas trop souvent quand même hein...

— Si si, quelquefois. Il suffit d'une fois en fait.

— Il suffit d'une fois pour quoi ?

— Pour l'espoir.

— C'est ringard ça l'espoir.

— Je t'emmerde...

— L'espoir de quoi ? Pourquoi ?

— On va l'écrire déjà, on en parlera après.

Une fois la confiance en soi un peu revenue chez l'élève, vient le temps de la lutte du professeur contre la gangrène de la flemme, de la facilité, du « pas aujourd'hui », contre la contestation sourde et tenace qui taraude l'enseigné, celui à qui on demande de se dépasser.

Les accoucheuses et accoucheurs de ce dépassement, les innombrables profs, parents, formateurs, éleveurs de la race humaine, attelés à l'ardue tâche de la transmission du savoir sans aucun espoir de gratitude, qui n'ont jamais les honneurs des journaux télévisés mais fabriquent quotidiennement et humblement la survie de l'espèce, résistant à la dure résistance de l'élève, raillés, moqués, chahutés, jetés après usage, sont notre deuxième grand patrimoine de l'humanité (après les rêves), le sel de la terre, les vraies vedettes du monde.

Un jour le groupe arrive tard au gîte. Le ciel menace de cracher un gros orage, il fait lourd, soif, faim, sommeil.

L'hôtesse est sur le pas de sa porte, embêtée :

— Ah la la mais combien vous êtes là... J'ai plus de place moi, plus rien... J'en ai même quatre sur des matelas par terre alors neuf, ça va pas être possible ! Vous seriez arrivés deux trois heures plus tôt peut-être, mais là, à sept heures et demie...

— Et manger, on peut manger ?

— Ah ben non... J'ai juste de quoi manger pour

le nombre qui dort ici, et encore, j'en ai quatre en plus, ils vont tout me dévorer... Moi je fais les courses juste juste parce qu'après si j'achète trop je jette vous comprenez...

— Et au village, y a quelque chose pour manger, un restaurant ?

— Ah non, au village non, y a pas de restaurant.

— Une épicerie ?

— Ah non elle est fermée. À cette heure-là vous ne trouverez rien à moins de vingt kilomètres hein... Je sais pas quoi vous dire moi... Peut-être que vous pourriez essayer chez le curé, il a de la place lui, c'est grand chez lui...

— Ah oui ? C'est où ?

— Oh un petit vingt minutes à pied, c'est dans le haut du village, une rue qui monte, une grande maison jaune, c'est grand et pis c'est vide, il est tout seul, il vous prendra, c'est sûr...

— Et il aura un petit truc à grignoter, vous pensez ?

— Ah oui ça c'est sûr, il a tout ce qu'il faut lui le curé, c'est une fourchette il mange bien, il vous dépannera, il doit être à table d'ailleurs là, mais faudrait pas tarder quand même...

— Bon ben merci, on y va vite, au revoir.

Les mots « vingt minutes à pied » et « une rue qui monte » ont particulièrement exaspéré certains membres du groupe.

Guy est très mal, l'émeute gronde, comme l'orage, des remarques acides commencent à fuser.

Devant le presbytère, un magnifique hôtel particulier XVIIIe crépi d'un jaune exquis, Guy discute avec le curé qui lui parle de sa fenêtre, une grande serviette blanche damassée autour du cou.

— Non non, ça ne va pas être possible, je n'ai pas la place ici, pas pour neuf...

— Pour combien vous auriez la place ?

— Eh bien pour personne en fait, je ne peux pas vous recevoir du tout...

— Mais on nous a dit que c'était grand chez vous...

Le curé aurait dû répondre que c'était tout petit chez lui, mais son orgueil a parlé plus vite que sa prudence, il lance du tac au tac, fier de son patrimoine :

— Ah oui c'est grand.

— Et que vous étiez tout seul...

— Oui, je suis tout seul mais je suis plein, je veux dire on a eu un problème de tempête, y a beaucoup de travaux, c'est un chantier la maison.

— Ben là on est neuf, il est tard, il va pleuvoir dans deux minutes, le gîte est archi-plein, on sait pas trop où aller...

— Je vois bien, je vois bien... Mais moi je ne peux rien faire pour vous, je vous dis : c'est le chantier ici.

— Et manger, vous n'auriez rien à manger ?

Point sensible, pas touche, le repas d'un notable de province est une cérémonie sacrée, pensée, concoctée, calculée depuis le tout premier réveil, qui comporte : les courses, l'épluchage, la préparation, le mijotage et finalement la dégustation lente et concentrée, silencieuse, solitaire quelquefois (encore plus jouissive solitaire), des trésors de la gastronomie française. Pas question de mélanger une horde de pèlerins à cette discrète et délicate orgie du palais.

— Ah non ça non, je n'ai rien du tout à manger. J'étais justement en train de finir mon repas, mais je n'ai plus rien...

— On n'a pas mangé depuis midi, on sait pas où dormir...

— Attendez, attendez.

Le curé s'éloigne un instant, revient, une clef à la main.

— Tenez, je vous envoie la clef de l'école.

Il jette la clef par la fenêtre.

— C'est juste là-bas, à cinq cents mètres au bout de la rue, vous n'aurez qu'à vous installer dans une classe... Dans la cour y a l'eau et les WC, vous serez bien...

— Merci... Et pour manger ? Vous n'avez pas une idée ?

— Ah non, là non, je ne sais pas.

— Bon, merci pour la clef...

— Vous n'oublierez pas de me la déposer demain...

— Non non... Je vous apporterai les croissants en même temps.

Aussitôt la fenêtre du presbytère refermée, les commentaires venimeux éclatent. Guy fait le gros dos, le groupe se dirige vers l'école.

MATHILDE

C'est sa générosité qu'est en chantier...

CLAUDE

Dans sa grande maison il doit vivre une grande tempête intérieure...

ELSA

Ça pour être plein il est plein...

MATHILDE

Faudra lui apporter de l'Alka-Seltzer avec les croissants...

RAMZI

Vous allez pas lui acheter des croissants j'espère...

GUY

Non, t'inquiète pas...

PIERRE

C'est quoi ce bazar ? Vous pouvez m'expliquer Guy ?

GUY

Je suis désolé, j'avais réservé, je ne comprends pas...

PIERRE

Alors écoutez, moi j'en ai vraiment plein, plein, plein les bottes là. Non seulement je ne peux pas aller à l'hôtel et j'accepte de dormir dans des gîtes douteux, non seulement j'ai été obligé de laisser tomber toutes mes affaires et de me passer de mes médicaments, non seulement ma femme est malade et je ne peux pas aller la voir mais...

CLARA

Vous remarquerez que sa femme arrive en dernier dans l'énumération...

PIERRE

Ta gueule.

CLARA

La tienne avant la mienne.

PIERRE

Mais en plus de tout ça, maintenant on se retrouve carrément à la rue, en plein orage...

CLAUDE

Et alors ? Il fait chaud, c'est l'été...

Pierre devient très violent

Toi, tu la fermes ta gueule.

CLAUDE

Tu ne me parles pas comme ça Pierre.

Pierre s'arrête et fait face à son frère. Les autres continuent sauf Clara et Mathilde qui observent les frères avec inquiétude.

PIERRE

Si, je te parle comme ça. Oui tu la fermes ta grande gueule. Tu vis comme un clochard, très bien. Tu l'as choisie cette vie-là, très bien. Mais moi je ne l'ai *pas* choisie cette vie-là, d'accord ? Moi j'ai choisi de bosser dur, de me battre dans un monde de chiens enragés, et d'avoir du fric pour vivre heureux et dans le confort, d'accord ? Parce que l'argent ne fait peut-être pas le bonheur, mais il y contribue quand même vachement tu vois. J'en ai chié, mais j'y suis arrivé, j'en ai fait du fric, et mon fric c'est pas un héritage. J'ai pas attendu que maman meure pour me remuer les fesses moi. Et alors, ça te dérange que je sois riche ? Je te l'ai volé mon argent ? Parce qu'à part parasiter les autres, tu sais faire quoi toi, dans la vie, hein ? Tu pourrais le faire ce que je fais moi ? Tu te vois te lever à cinq heures tous les matins et te coucher à minuit ? Moi je te vois pas en tout cas. Toi t'es comme tous ces petits-bourgeois bohèmes qui crachent sur ceux qui ont du fric, mais qui tueraient père et mère pour en avoir sans rien foutre. La vérité c'est que t'es un pauvre raté taré qui a toujours vécu aux crochets de sa mère, de sa sœur, de ses femmes et de sa fille. On appelle ça un Don Juan ou un maquereau c'est selon, moi je dis un gros cossard de première, alors viens pas me faire la morale hein.

CLAUDE

Je te fais pas la morale, je te dis qu'il fait chaud et qu'on est bien dehors, voilà... Et si j'ai la gueule d'un Don Juan et pas toi, qu'est-ce que j'y peux ? Et si maman m'aimait plus que toi, qu'est-ce que j'y peux ? Tu l'as jamais avalé ça, mais c'est pas de ma faute à moi... Et t'as jamais avalé non plus que les femmes m'aiment bien, mais tu sais les femmes pour qu'elles vous aiment il suffit de les aimer, c'est tout, c'est facile les femmes... D'ailleurs y a un truc que j'ai jamais très bien compris, si t'étais si fort que ça pour le bonheur, comment ça se fait que ta femme elle soit encore plus alcoolique que moi ? C'est bizarre quand même ?

Pierre se précipite sur son frère pour le frapper,

avec une violence inouïe. Là, c'est d'un meurtre qu'il s'agirait. Clara s'interpose en hurlant.

Mathilde, pâle de peur, crie :

— Arrêtez de vous battre, arrêtez tout de suite.

Quelque chose d'impérieux dans la détresse de son ton les a atteints, ils se calment, un peu penauds, rejoignent les autres qui sont arrivés à l'école.

C'est alors que la pluie s'est mise à tomber, à tromber. Des flaques constituées descendant droit du ciel, des ruisseaux instantanés vrombissant dans les rues en pente, l'apocalypse.

Les pèlerins n'ont même pas le temps de sortir leurs vêtements de pluie, ils sont trempés aux os avant d'avoir dit ouf.

Ils courent en criant dans la cour de l'école plantée de marronniers, parviennent à entrer dans le préau, havre de sécheresse au milieu de la tempête.

Guy choisit une grande classe pour en faire le dortoir. Tout le monde a déposé son sac et entreprend d'installer des couches pour ne pas dormir à même le carrelage glacé du sol.

C'est visiblement une école maternelle : dans un coin de la classe, les mini-tables-bureaux en bois à plan incliné sont attendrissantes certes, mais sans utilité pour d'éventuels dormeurs, on les empile dans un coin.

Guy a dégotté dans le réfectoire trois planches de table à tréteaux qu'on installe par terre, ce qui fera l'affaire pour coucher six personnes, si elles veulent bien se serrer les unes contre les autres... Il n'en reste plus que trois à caser...

Guy a une bonne idée : aidé de Claude, il démonte un tableau noir avec son couteau suisse à tout faire, et le couche sur le sol.

On essaye de nettoyer le tableau noir plein de traces de craie mais le chiffon ajoute plus de poudre blanche qu'il n'en enlève et personne ne veut sacrifier son tee-shirt... Le tableau noir reste donc blanc.

Longues palabres pour savoir qui se mettra où... Saïd se collera contre Ramzi sur une planche, et comme par hasard, la planche d'à côté est choisie par Camille et Elsa. Prétextant une impossibilité de dormir comme ci ou comme ça, Camille et Saïd, après moult discussions avec leur partenaire de planche, se retrouvent en vis-à-vis, contents.

Clara et Pierre râlent comme des poux, mais sont bien obligés de partager une planche. Il reste le tableau noir que Guy offre généreusement à Claude et Mathilde.

Guy quant à lui installera son barda à même le carrelage.

Atmosphère de hargne extrême.

Comme l'avait annoncé le curé, les lavabos et les W-C sont dans la cour. Pour y aller il faut mettre sa cape de pluie intégrale car l'orage bat son plein et n'a pas la moindre intention de s'arrêter. En fait de W-C, il s'agit d'un ancien cabanon en bois comportant cinq waters à la turque, sans papier, sans verrous, dont les portes battantes et déglinguées ont été calculées pour cacher le ventre d'un enfant de cinq ans, laissant voir les chevilles et la tête. Intimité garantie. Quant au lavabo, il s'agit plutôt d'une auge collective en faïence écornée, alimentée par un tuyau dont quatre des cinq robinets ne fonctionnent plus.

Les pèlerins encapuchonnés font la queue pour remplir leur gourde à l'unique robinet qui laisse passer un filet d'eau gros comme un crayon à mine et ceci sous des trombes d'eau.

La toilette du soir se réduit à sa plus simple expression, la nuit tombe, il fait frais.

Revenus dans la classe, tous expriment à Guy sous des formes variées et plus ou moins agressives le même sentiment : ils ont très faim. Guy farfouille dans son sac, en sort les restes d'un paquet de Figolu peu sexy et très entamé, et quelques fruits secs. On s'assied sur les planches pour déguster le repas : un Figolu et demi chacun, un quart de banane séchée, un abricot sec entier, Guy s'étant désisté pour les abricots.

Guy, en état de culpabilité avancée, continue à fouiller son sac et en sort une ultime tomate assez tapée, enveloppée dans un plastique douteux. Il la propose à la compagnie, essuie un bide cuisant sauf de la part de Ramzi à qui cette tomate convient très bien, et qui l'engouffre d'une seule bouchée dans son estomac criant famine. Pierre et Clara sont au bord de l'explosion.

Soudain, on frappe à la porte, c'est un groupe de trois pèlerins hollandais, trempés, parlant aussi fort que leur pays est petit, et qui expliquent en pantomime que le curé les a envoyés là pour schlaffen.

Tout le monde se met à leur parler en même temps pour leur expliquer que schlaffen, ça va pas être possible ici, qu'il n'y a plus de tréteaux, que le tableau noir est déjà pris...

Guy, qui possède quelques bribes d'anglais, mais vraiment des bribes, prend les affaires en main :

— Bon. OK guys, it is difficult to hospitality for you... It is empty, non full, we are nine déjà, it is beaucoup trop, donc I propose to you to sleep over there là-bas de l'autre côté.

Les Hollandais n'ont rien compris et s'installent par terre tout près du groupe.

Plus tard, au milieu de la nuit, tout le monde s'est endormi sur les planches ou sur le sol.

Il fait froid, les pèlerins hollandais ronflent très fort.

Un à un les dormeurs se redressent sur leur couche et tentent de faire taire les ronfleurs par toutes sortes de techniques (cris brusques, appels, légères secousses, fortes secousses) toutes plus inefficaces les unes que les autres. Les ronflements persistent. Tous se plaignent de l'odeur effrayante des planches qui exhalent des relents de saucisson rance et de vieux fromage, ce sont certainement les planches sur lesquelles on installe la nourriture, lors des fêtes de l'école.

Camille se lève et sautille sur place pour se réchauffer, bientôt rejointe par Ramzi qui se trémousse en chantonnant du raï et par Saïd qui l'accompagne en frappant dans ses mains. Mathilde, Claude, Clara et Elsa se mettent aussi à danser. Guy entonne une biguine, reprise en chœur par la compagnie et qui met une ambiance formidable. Le froid s'estompe, tout cela devient finalement assez gai.

Clara chante à tue-tête, Elsa vient inviter Pierre à danser. Celui-ci résiste d'abord, puis se laisse entraîner, il se tortille bientôt comme tout le monde : il fait si froid !

Quand le vacarme de la fête improvisée atteint une sorte de paroxysme au niveau des décibels, et seulement alors, les Hollandais se réveillent, sidérés par la vision de cette bande de fous chantants et dansants.

Claude s'approche d'eux et leur demande s'ils veulent participer à la boum et s'ils ont de l'alcool. Réponse positive sur les deux fronts, ils sortent de leurs blousons deux flacons de schnaps que Claude apporte triomphalement aux danseurs. Les Hollandais se joignent à la fête en hurlant un chant très populaire chez eux, « Hey la bombak, Hey la bombak es kapote » (traduction phonétique) assez entraînant et qui fait son petit effet.

Au petit matin, tous finissent par s'endormir.

Les Hollandais ronflent toujours.

Camille et Saïd dorment en se faisant face, un bras étendu l'un vers l'autre, se tenant les mains, pont reliant leurs planches séparées.

Claude et Mathilde dorment en chien de fusil, leurs vêtements blanchis par la craie.

Mathilde se réveille la première, son foulard est tombé, son beau visage est nu, entièrement chauve. Panique, elle retrouve son foulard dans le désordre de sa couche improvisée et s'en recouvre prestement la tête.

Guy, encore couché mais réveillé, l'observe.

Mathilde vérifie alentour que personne ne l'a vue, Guy referme vite les yeux, fait semblant de dormir.

La troupe marche sur un chemin de halage creusé dans une falaise à pic, le long du Lot. Ils admirent une sculpture incrustée dans le roc qui reproduit les volutes de l'eau.

Le portable d'Elsa sonne.

— Tiens y a du réseau… Tiens j'ai un message… C'est maman qui me dit que ta mère a pas réussi à joindre la mère de Ramzi, ça ne répond jamais chez elle…

Camille, qui n'a plus de batterie, demande à Elsa de rappeler sa mère pour qu'elle essaye encore de joindre la mère de Ramzi, et lui donne des nouvelles des garçons. Ils ne lui ont pas parlé depuis le départ du Puy, elle doit se faire un sang d'encre. Saïd n'ose pas l'appeler directement de peur de se trahir si elle pose des questions trop précises sur l'avancement du pèlerinage à La Mecque.

Claude et Mathilde marchent quelques mètres derrière tout le monde, ils s'arrêtent devant la sculpture, Mathilde effleure les formes rondes et polies de la roche, la main de Claude rejoint sa main sur la pierre.

Les leçons de lecture continuent, très régulières, les révisions se font en marchant, quand le cerveau est bien irrigué.

Un jour, Clara et Ramzi font leur lessive à une fontaine de village. Clara le questionne sur ses parents.

— J'étais tout petit et mon père il a eu la maladie des mineurs, la silicose, parce qu'il travaillait à la mine de Gardanne près de Marseille... Toutes les copines à ma mère aussi elles étaient veuves.

— Ah oui...

— Alors quand il est mort elle est montée à Paris chez sa sœur et voilà. Mes autres frères et sœurs maintenant ils sont mariés, à la maison on est plus que tous les deux ma mère et moi. C'est pas intéressant ce que je te raconte.

— Non c'est très chiant ce que tu me racontes.

— Hein ?

— C'est chiant ce que tu racontes ?

— Non.

— Ça m'intéresse moi la vie des gens...

— Et toi ?

— Moi notre père nous a abandonnés très vite, on sait pas trop pourquoi, un vagabond, il aimait pas les contraintes, un peu comme Claude. Comme ma mère avait assez de sous pour vivre, on n'a pas vu tout de suite qu'on était malheureux, surtout elle, et surtout mes frères.

— C'est dur ça...

— Oh tu sais, on n'était pas les seuls, c'était l'époque de l'épidémie des divorces.

— Mais pourquoi vous vous bagarrez tout le temps comme ça ?

— C'est plus fort que nous, quand on est ensemble on redevient petits, on se tape dessus, on se déteste...

— On dirait que vous vous adorez...

— Certainement pas !

— C'est comme Camille et Saïd, ils s'aiment, mais méchamment.

— Ils s'aiment tu crois ?

— Oui, mais les Français ils sont trop durs parce qu'ils savent pas c'est quoi la valeur de la famille comme nous les Arabes.

— Ah oui, tu penses ça ?

— Nous on est jamais tout seuls nous, y a toujours quelqu'un qui nous aide, regarde, moi j'ai Saïd par exemple, il a pris deux mois sur ses vacances pour m'aider pour mon pèlerinage tu vois, et puis j'ai ma mère, ma mère je suis tout pour elle...

— Et elle est tout pour toi...

— C'est normal...

— Ben oui... Tiens regarde, c'est quoi ça ?

Clara montre à Ramzi un petit écriteau en métal émaillé cloué sur la pierre de la fontaine. Ramzi déchiffre lentement :

— Eau po-ta-ble... Ça veut dire quoi ?

— Que tu peux la boire l'eau.

Et elle pense en silence : et que tu sais lire, et que je ne suis pas arabe.

C'est la pause repas, au bord d'une rivière, près d'un pont. Mathilde bavarde avec Pierre.

— Ça va, c'est pas trop dur sans les médicaments ?

— J'ai des palpitations...

— Mais vous avez l'air de bien marcher quand même...

— Bof...

— Ah si, la dernière côte là, c'est passé comme une lettre à la poste...

— Oui...

— Quelquefois les médicaments, ça va mieux quand on les arrête.

Clara et Ramzi sont assis sur le pont, à l'écart. Maintenant qu'il a franchi les principaux obstacles du déchiffrage, qu'il peut assembler les lettres en mots et que les mots prennent un sens, une véritable frénésie de lecture s'est emparée de lui. Il lit tout ce qui lui tombe sous les yeux, la notice d'une boîte de thon, la marque de son pantalon, les balises du chemin, les tampons de sa credential, les noms des gâteaux dans les boulangeries, il est devenu accro. Là, il a dégoté un vieux bout de journal et s'exerce. Clara le regarde comme une jument regarde son poulain nouveau-né quand il parvient à mettre droites ses quatre jambes maigrelettes, et commence à galoper dans le pré.

— Teume... ps...

— Temps, le temps. Le temps qu'il fera demain par exemple, ou le temps qui passe...

— Le temps... Mais tan c'est t-a-n normalement...

— Oui mais y en a beaucoup des an, je t'ai expliqué...

— Mais le *ps* là, pourquoi on l'écrit si on le dit pas, pourquoi y en a tellement des lettres qu'on écrit et qu'on les entend pas ?

— Parce que la langue elle a des genres de cicatrices...

— Des quoi ?

— Avant la France elle était occupée par les Romains. Les Romains ils disaient tempus pour le temps. Quand ils sont partis, les Gaulois ont commencé à changer la langue des Romains, ils ne disaient plus tempus, mais tempss, puis tanpe, puis tan tout court. Mais dans l'écriture, ils gardaient toujours le ps, comme une cicatrice romaine dans le mot, une mémoire.

— C'était une blessure quand les Romains ils occupaient la France ?

— Hein ? Oui et non... Les Romains ils ont apporté du progrès, l'eau courante, des ponts, des théâtres, une bonne organisation... Mais c'était eux les patrons, les Gaulois ils aimaient pas trop.

— Comme l'Algérie avec les Français.

— Si on veut...

— Et quand ils sont partis ?

— Comme l'Algérie, ça a été le bazar... Pendant quelques siècles...

— Mais valait quand même mieux qu'ils partent...

— Et comment qu'il valait mieux !

— Parce qu'après les Gaulois, ils ont été libres...
— Ben oui.

C'est à peu près à ce moment-là, avant le Pays basque, que Claude et Mathilde ont commencé à coucher ensemble. On pouvait dormir dehors, les nuits étaient chaudes. Mathilde avait beaucoup résisté, ayant peur de montrer son crâne nu. Mais Claude était tendre et la trouvait belle comme elle était, il ne la jaugeait ni ne la jugeait, l'aimait.

La nuit, ils prenaient leurs couvertures et sortaient en douce des gîtes.

Ils cheminaient alors sous la lune en bavardant et en cherchant un coin où s'allonger confortablement, dans une allée de peupliers, ou une prairie. Ils faisaient l'amour longtemps puis parlaient, calmement, ne faisant aucun projet, aucun serment, n'en voulant ni l'un ni l'autre, savourant leurs corps et l'instant présent.

Le reste du groupe sait sans savoir, il y a eu un peu de radio-culotte dans les conversations, mais au fond, ça ne dérange personne.

Sauf Guy, qui devient solitaire et taciturne.

Un jour qu'ils passent près d'un cimetière, Guy fait remarquer qu'il y a toujours une prise d'eau pour l'arrosage des tombes et que ceux qui ont soif peuvent en profiter.

Elsa, Camille, Saïd et Ramzi trouvent en effet un robinet d'eau au fond d'une allée du cimetière.

En passant devant les tombes, Ramzi s'attarde et lit les inscriptions.

— À notre fils... À notre fils...

Il s'exclame :

— Oh les pauvres !

Saïd lui demande de quoi il parle.

— Ils ont perdu deux fils, des jeunes, et ceux-là un petit garçon, y a les photos... À notre maman, à notre mamie... Comment ils ont dû souffrir les pauvres...

Saïd et les filles, en train de remplir leurs bouteilles d'eau et de s'arroser, écoutent ça de loin sans trop prêter attention à Ramzi qui examine les photos des jeunes morts, très ému. Elsa le rassure :

— T'en fais pas Ramzi c'était y a longtemps et on les connaît pas en plus...

Ça ne console pas du tout Ramzi.

Un soir, en Pays basque, le groupe se trouve de nouveau devant un gîte complet. Guy va voir le curé, un ami à lui, le père Sébastien, un type qui prête gratuitement sa maison aux pèlerins quand il y a trop de monde dans les gîtes. Le curé est très heureux de revoir Guy, il voudrait bien accueillir son groupe, mais il a déjà du monde, il ne lui reste que six places. Comme Claude et Mathilde veulent dormir à la belle étoile, il y a le compte de lits, sauf un. Le curé offre alors sa propre chambre au neuvième larron. Lui, il ira dormir dans la sacristie, ça l'arrange, il a un baptême tôt le lendemain matin. Le père Sébastien, un vieillard costaud au visage de paysan, adore la cuisine et la pelote basques. Aidé de tous, il fabrique un repas. La salle à manger et la cuisine sont transformées en atelier d'épluchage. On a confié à Pierre les oignons, ça le fait beaucoup pleurer.

Le père Sébastien a appris à Ramzi comment faire de la pâte à tarte. Ramzi se vautre dans la délectation du pétrissage, la farine vole jusque dans ses cheveux. Puis il garnit le moule avec des demi-prunes et des croissants de pomme assemblés en ronds réguliers. Il écrit le nom de sa mère, Noubia, avec un couteau sur une rondelle de pâte qu'il pose au centre de la tarte et qu'il enduit de jaune d'œuf.

La nuit tombe, dans le jardin on a dressé une grande table éclairée par des lanternes suspendues et des bougies, le repas est frugal mais c'est la fête, les conversations roulent, on écoute les derniers flashs de radio Chemin-de-Saint-Jacques. Le père Sébastien répand un fluide invisible et généreux autour de lui, moment heureux.

Au milieu du repas, Elsa s'arrête de manger et demande à Saïd :

— Eh Saïd, tout à l'heure au cimetière, qu'est-ce qu'il nous a dit Ramzi ?

— Il nous a dit pour les tombes, les morts...

— Mais Camille, tu lui avais lu les trucs des tombes toi ?

— Non...

— Tu lui avais rien lu ?

— Non...

— Ben alors c'est lui qui les a lus...

— De quoi ?

— Les tombes, c'est lui qui les a lus les mots sur les tombes...

— Ah ben sûrement pas, il sait pas lire, moi j'ai arrêté de lui en donner des leçons de lecture, y a longtemps.

— Il a regardé les photos c'est tout, dit Saïd.

À l'autre bout de la table, Ramzi découpe sa tarte.

Un jour, Guy propose de faire un détour pour voir une chapelle romane. Le groupe s'enfonce dans la campagne sur un chemin de terre, le paysage devient sauvage. Ils passent devant une ferme isolée. Un vieil homme en sort, portant un costume sans âge maculé de taches, un béret calé en travers de son crâne, tenant un gourdin à la main. Il hèle les pèlerins. De près son visage ressemble à une carte de géographie, ses rides dessinant des fleuves, des crevasses et des routes tortueuses. Ses mains aux ongles noirs de terre, à l'épaisse peau parcheminée, qui ont dû traire tant de milliers de pis, se sont figées dans la position du trayeur, quatre doigts serrés en biais, et le pouce bloqué contre l'index, prêt à faire jaillir le lait, des bosses d'arthrite à tous les embranchements.

— Holà, où vous allez comme ça ?

Guy, aimable :

— À Saint-Jacques.

— Vous êtes catholique vous ?

— Bof, y a un peu de tout chez nous...

Le vieux jauge l'homme noir avec mépris.

— Vous êtes pas catholique vous.

— Non, j'ai *été* baptisé catholique, mais maintenant je suis athée.

— Vous êtes pas baptisé, vous êtes pas de chez nous, vous êtes pas catholique, et ceux-là non plus ils sont pas catholiques.

Il montre Saïd et Ramzi.

— Ah non, eux ils sont musulmans.

Claude, très classe ajoute :

— Et moi alcoolique.

— Moi protestante, mais je m'en fous de la religion, dit Elsa.

— Ah oui protestante... Par ici les protestants on les assomme... avec ça... (Il montre son bâton d'un air menaçant.) Y en a plus des protestants ici, tous assommés.

Guy reste très souriant.

— C'était y a longtemps ça monsieur, c'est fini les guerres de religion...

— Et les juifs vous leur faites quoi ? demande Mathilde.

Le vieil homme n'aime pas qu'une femme se moque de lui.

— Avec les Juifs et les Arabes c'est la poudre qui parlera, je vais la chercher ma soufflante.

Le ton est menaçant, il entre dans sa ferme.

Guy ne rigole plus trop.

— Vaudrait peut-être mieux s'en aller vite fait, il est trop vieux pour qu'on lui casse la figure, mais il est assez fou pour la sortir vraiment sa soufflante... Un petit sprint ?

Tous piquent un sprint pour s'éloigner de la ferme du vieux fou. Quand ils se retournent, celui-ci est revenu au milieu du chemin, sa soufflante à la main, il crie des injures et tire des coups de feu en l'air.

Ils traversent un village, la cloche de l'église sonne quatre coups : la note claire d'une cloche artisanale rappelle impérieusement aux parents et enfants l'heure du sacro-saint goûter. Clara ne résiste pas à l'appel du quatre-heures, elle achète des pains au chocolat et aux raisins qu'elle distribue à la compagnie, y compris à son frère Pierre qui la remercie sèchement.

Voyant qu'une pause se profile à l'horizon, Claude s'est évaporé dans un bistrot.

On le cherche pour la distribution des pains... en vain.

Ramzi s'attarde à la lecture de la une du journal local.

Camille se repose, allongée sur les marches de l'église, la tête sur les cuisses de Saïd qui lui caresse les cheveux.

Elsa écoute ses messages.

— Camille, ça répond toujours pas chez la mère de Ramzi...

Mathilde a fini par retrouver Claude au bar du coin, en train d'avaler en douce un double whisky. Quand elle entre, Claude prend un air un peu coupable, un peu lâche, le regard du mauvais élève en face de son institutrice.

Mathilde a soudain l'intuition fulgurante et douloureuse, que quelque chose est fini entre eux. Elle se sent prise dans les filets d'une vieille névrose, celle qui l'a conduite à la maladie. Claude parle faux :

— Ah dis donc Mathilde, tu n'aurais pas un peu de monnaie, je sais pas où j'ai mis mon fric...

La tenancière du bar les observe tout en essuyant un verre, elle se tait mais son regard crie à Mathilde : ne paye pas ! Et Mathilde paye.

— Je vous dois combien ?

— Double whisky, huit euros.

Mathilde sort un billet de dix euros sans broncher.

— Vous gardez tout.

La dame remercie, encaisse.

Mathilde sort sans se retourner, Claude lui emboîte le pas, docile et content, comme un chien suit celui qui le nourrit.

Un peu plus tard, le long d'une rivière bordée de hauts arbres, Guy bavarde avec Claude.

— Ah c'est bête j'ai oublié de regarder le résultat du match d'hier...

— Y avait un match hier ?

— OM, Milan AC.

— Et c'est quoi le résultat ?

— Ben justement je ne sais pas... C'est dommage, on aurait pu demander au village... Eh les filles y a du réseau ?

Elsa regarde son portable :

— Non. Pourquoi ?

— On voulait savoir le résultat du match d'hier...

La réponse fuse, venant de Ramzi :

— Deux un. Deux pour l'OM.

Guy et Claude poussent des cris de joie. Saïd est sidéré.

— Ben comment tu sais ça toi ?

— C'était marqué sur une pancarte devant la boulangerie.

— Ben ? Tu sais lire ?

— Pas du tout... Un petit peu...

— Tu sais lire un petit peu ?

— Je sais un petit peu pas lire voilà. Faut pas le dire à Camille ça va la vexer...

Clara entend tout, ne bronche pas, fière.

La partie française du chemin touche à sa fin, on arrive à Saint-Jean-Pied-de-Port, départ de l'étape tant redoutée du col de Roncevaux.

Le gîte de Saint-Jean-Pied-de-Port se trouve en haut d'une rue étroite bordée de vieilles maisons basques aux toits rouges, crépies d'un blanc vigoureux.

Dans un jardinet où l'on a disposé des tables pour les pèlerins, Elsa, Clara et Pierre attendent l'ouverture du gîte, prenant le soleil, éreintés.

Les autres sont partis découvrir la ville.

Un fringant jeune homme arrive, un imposant sac jaune et rouge sur le dos. Il repère tout de suite la jolie Elsa qui somnole à une table. Il tape un grand coup sur la table pour la réveiller. Elsa sursaute.

— Pardon mademoiselle, il est ouvert le gîte ?

— Oui, mais là il est fermé, ça ouvre dans un quart d'heure.

— Ah bon... Je vous offre un verre ?

— Non merci, c'est gentil, je viens de boire.

— C'est votre équipement, ça ?

— Oui.

— Vous n'allez pas pouvoir faire le chemin équipée comme ça, hein...

— Ah... Pourtant, ça fait un mois que je le fais le chemin.

— C'est du matériel d'avant-guerre ça.

— Ah bon ? Vous êtes parti d'où, vous ?

— Moi, je commence aujourd'hui, je ne fais que la partie espagnole du chemin, la plus intéressante.

Pierre et Clara le regardent.

Clara pense : merci pour les huit cents bornes qu'on vient de se taper.

Clara, quand elle parle dans sa tête, emploie beaucoup de mots d'argots.

— La partie française, elle est bien aussi..., répond Elsa.

— Je ne sais pas, je ne l'ai pas faite.

— Moi, je l'ai faite... c'est vraiment très...

— Et vous partez vers quelle heure du gîte ?

— Oh, en général vers huit heures.

— Moi, je pars à cinq heures pétantes, pour éviter les grosses chaleurs et arriver le premier dans les gîtes.

— C'est vrai qu'y a souvent beaucoup de monde dans les gîtes... Mais nous on est un groupe, on se presse pas trop, on y va calmem...

— Y a beaucoup de papys et de mamies dans votre groupe, ça freine, c'est ça ?

Le jeune homme a lancé cette phrase en direction de Pierre et Clara qui lui retournent un regard assassin.

Pierre pense : ça existe ça, des petits enculés comme ça, ça existe ?

Pierre aussi parle assez grossièrement quand il se parle à lui-même.

ELSA

Ouais, y a des jeunes et des moins jeunes, normal.

— Moi, le groupe, c'est pas trop mon truc. J'envisage plutôt le pèlerinage comme un défi solitaire, un challenge, pour mesurer mes forces, me confronter à la nature... dit-il en regardant avec insistance les seins d'Elsa.

— Et il est pas trop lourd votre sac ?

— Mon sac ? Ah non ! J'ai tout pris chez Decathlon, matières innovantes, ultralégères...

— Vous avez bien fait, parce que moi au début mon sac il était trop lourd, j'avais pris des shampoings, des crèmes, des tas de trucs, c'était affreux le poids, j'ai craqué, j'ai dû tout jeter. Quand on marche, vous verrez, le poids c'est un truc qui...

— Ah c'est bien les filles ça... Des crèmes et des shampooings ! Mais vous n'avez besoin de rien du tout dans votre sac, vous... Vous mettez un short bien court et tous les pèlerins seront trop contents de vous porter sur leur dos et de vous offrir à boire... Les mamies c'est autre chose, mais vous...

Il insiste, ce con, pense Clara.

— On dîne ensemble ce soir ?

— Pourquoi pas, répond Elsa.

Le jeune homme lui caresse la joue d'une chiquenaude. Elsa n'aime pas du tout mais elle est trop gentille pour le rembarrer. Elle demande :

— Et vous faites quoi dans le civil ?

— Je suis cadre. France-Télécom. Les relations commerciales avec les grosses boîtes, la gestion de leurs plans de communication... Grosses, grosses responsabilités.

Pierre pouffe de rire.

— Et vous ?

— Étudiante.

— Ah c'est bien ça... Je peux vous faire une photo pour mon album ?

— Oui si vous voulez...

Il sort son appareil photo en chantonnant le jingle de France-Télécom : Wouap pa, padada wouap pa...

Il prend en main la séance de pose comme un grand photographe de mode et s'excite à donner des ordres :

— Mettez-vous là... On va s'éloigner un petit peu des papys et des mamies... (Non mais quel connard invétéré, pense Clara, dans deux minutes je lui fous mon poing dans la gueule, pense Pierre.) On va prendre une pose un peu sexy, la tête renversée en arrière, on se cambre, un petit sourire, la bouche ouverte, ta petite langue sensuelle, voilà, la poitrine en avant, remonte un peu ton pantalon que je voie tes jolies jambes... Oh qu'elle était jolie, qu'elle était sexy...

Elsa commence à en avoir plein les bottes, mais elle ne dit rien, par politesse.

Pierre et Clara sont écœurés.

Dans les chambres aux fines cloisons du dortoir, une vingtaine de lits superposés en fer à trois étages, sont occupés par une soixantaine de pèlerins qui dorment à poings fermés.

Étape charnière où convergent ceux qui commencent le chemin espagnol et ceux qui terminent ou continuent la partie française, le gîte de Saint-Jean-Pied-de-Port est souvent bondé.

À quatre heures et demie du matin, le portable du cadre France-Télécom sonne, volume maximum. Il a choisi une sonnerie qui s'appelle : « La charge de la cavalerie ». C'est un bon titre pour cette musique : tout le dortoir se réveille.

Ramzi, interrompu dans un rêve complexe, se redresse en catastrophe sur son lit :

— C'est l'heure ? On doit partir ?

Saïd le rassure :

— Non non, rendors-toi, c'est pas l'heure, c'est pas l'heure.

Le cadre France-Télécom, saute de son lit, allume la lumière et fonce aux toilettes en claquant les portes et en sifflant. Il tire trois fois la chasse d'eau et se lave les dents en chantant.

Une grande colère se répand chez les dormeurs.

PIERRE

C'est qui cet enfoiré ?

CLARA

Non mais quelle heure il est là ?

Pierre regarde sa montre :

— Quatre heures et demie...

CLARA

Ah, quatre heures et demie, ça va pas être possible ça !

Le cadre France-Télécom a fini sa toilette, revient s'habiller dans son dortoir. En passant, il frappe les montants de tous les lits avec sa brosse à dents, ce qui l'amuse beaucoup.

CLAUDE

Non mais ça va pas non, abruti...

MATHILDE

Mais quel con, non mais quel con...

Le cadre France-Télécom s'habille en chantonnant :

— Et le K-Way et les chaussures...

Absolument tous les pèlerins sont réveillés et se tortillent dans leurs lits en fer qui grincent et couinent.

Pierre crie :

— Il va la fermer sa grande gueule ?

Clara répète en écho :

— Vous allez la fermer votre grande gueule ?

Le cadre France-Télécom soulève son sac, le fait virevolter sur son dos en défonçant le lit de Guy au passage. Guy perd un peu ses nerfs :

— Écoutez monsieur, la moindre des choses serait de respecter le sommeil des gens...

Le cadre France-Télécom lui rit au nez :

— Et qui c'est qui va arriver le premier dans les gîtes ? Allez ! Debout les fainéants ! En route les gars ! (Il sifflote « la charge de la cavalerie ».) Eh, grosses bises Elsa !

Il donne une bonne tape sur le lit d'Elsa, claque fort la porte du dortoir et part en chantant : Wouap pa, padada wouap pa, laissant toutes les lumières allumées.

CAMILLE

Mais d'où tu le connais c't'enflure ?

Elsa, trop fatiguée pour répondre, s'est déjà rendormie.

*

Quelques heures plus tard, le groupe passe sous l'antique porte voûtée qui mène au pont sur la Nive.

Sous le pont de Saint-Jean-Pied-de-Port, la Nive est basse et limpide. Elle est si transparente qu'on peut y voir les truites paresser entre les cailloux.

Au milieu du pont, Guy s'arrête et fait face à ses huit pèlerins :

— Alors voilà, derrière vous c'est le chemin français, devant vous, les Pyrénées, et après, l'Espagne... Aujourd'hui ça va être une étape un peu, dure... Clara, Claude et Pierre, il faut que je vous dise la vérité. En fait votre mère avait écrit dans son testament que si vous aviez vraiment marché ensemble du Puy-en-Velay à Saint-Jean-Pied-de-Port vous pouviez arrêter le pèlerinage. Je n'avais le droit de vous le dire qu'aujourd'hui. Vous avez accompli sa volonté, vous avez donc droit à l'héritage, le chemin c'est fini pour vous. Vous avez un bus dans trois quarts d'heure là-bas sur la place, qui vous emmènera à Biarritz, et là vous trouverez une correspondance pour Paris. Alors je vous dis au revoir, bonne chance, et malgré les petites bagarres, ça a été un plaisir de marcher avec vous.

Tout le monde est médusé.

CLARA

Attendez, ça veut dire qu'on a fini là, qu'on peut rentrer chez nous ?

GUY

Oui.

PIERRE

On a fini le pèlerinage ?

GUY

Oui oui, vous pouvez rentrer chez vous, c'est fini. Appelez le notaire si vous voulez, il vous le confirmera.

CLAUDE

C'est génial.

GUY

Allez, sans rancune...

Il embrasse Pierre qui ne comprend pas ce qui lui arrive. Le reste du groupe est comme choqué, surtout Mathilde et Ramzi, paralysés.

Les frères et sœurs font leurs adieux au groupe, tous s'embrassent.

Guy, redoutant les effusions sentimentales, presse son monde :

— Bon, ben nous on va y aller sans trop tarder parce que là, ça va monter grave...

Il commence la marche, suivi des cinq, sonnés.

Clara, Claude et Pierre partent dans la direction opposée.

Tout à coup Pierre s'arrête au milieu de la rue, reste un long moment figé sur place, puis fait demi-tour. Il repart dans la direction des Pyrénées d'un pas décidé.

CLAUDE

Ben où tu vas ?

Pierre répond sans daigner tourner la tête, marchant vite :

— Je continue.

— Tu continues quoi ?

— Le chemin.

— Jusqu'où ?

— Jusqu'à Saint-Jacques.

Claude lui court après :

— Mais pourquoi ?

— Parce que maintenant que j'ai commencé, je ne vais pas m'arrêter au milieu.

— Au milieu de quoi ?

— Fous-moi la paix, prends ton bus et ton fric, oublie-moi.

Clara les a rejoints :

— Tu vas aller jusqu'à Saint-Jacques ?

— Oui, et alors ? Ça te dérange ? Je me sens bien depuis que je marche, j'ai plus de maladies, je veux voir Saint-Jacques.

— Mais y a rien à voir à Saint-Jacques, y a juste une cathédrale, des cathédrales y en a des tonnes en France...

— Ben allez-y, prenez votre bus, qu'est-ce que

vous avez à me tenir les baskets ? Je vous ai rien demandé...

Il accélère le pas. Claude le force à s'arrêter en lui attrapant le bras :

— Mais qu'est-ce que tu veux ? Nous prouver que t'es mieux que nous ? Que tu fais tout ce que maman a voulu ? Mieux que nous ?

— C'est ça, c'est ça... Lâche-moi tu veux... J'ai jamais rien fait de bien moi, j'ai toujours fait les choses que pour prouver des trucs à ma mère, qu'on pouvait quand même m'aimer par exemple. Eh ben tu vois, j'ai tout faux. J'ai rien prouvé du tout, ma vie c'est un désastre et tu le sais bien. J'ai personne qui m'aime. J'ai juste une pauvre alcoolique que j'essaye d'empêcher de se suicider. Et alors ? Ça m'enlève le droit de vivre ? Et toi il faut que tu viennes encore me faire chier quand pour la première fois de ma vie je fais un truc pour prouver rien du tout, juste pour être bien avec d'autres gens ? Mais tout le monde t'aime toi, tu sais tellement bien y faire avec les femmes, qu'est-ce que tu veux de plus ?

Pierre part pour ne pas montrer ses larmes.

Clara et Claude restent là un grand temps.

Puis Clara se décide, elle suit Pierre.

Claude finit par leur emboîter le pas, vers l'Espagne.

Effectivement dès le début, la montée du col est dure. Chacun se bat en silence contre la pesanteur.

Tout à coup, Elsa et Camille aperçoivent une silhouette assise au bord de la route.

ELSA

Eh Camille, regarde... Y en a une qui a déjà craqué.

— Ça fait même pas deux heures qu'on marche, qu'est-ce que ce sera dans cinq heures !

— Ah mais dis donc, qu'est-ce que je vois ? C'est pas une meuf... Oh la la, mais c'est mon cadre France-Télécom ça... Je le crois pas !

— Tu te l'es fait ?

— Ah non ça non. La soirée ça a été pizza, café déca, dodo au gîte. Un rêve.

Elles arrivent à la hauteur du marcheur qui se trouve effectivement être cadre France-Télécom, en totale décomposition, assis au bord de la route sur son sac Decathlon innovant, cassé.

— Salut... Ça va pas ?
— Je rentre à Biarritz.
— Ah oui, pourquoi ?
— J'attends un taxi là, qui va me ramener...
— Qu'est-ce qui s'est passé ?
— Je suis tout blanc. Si je parle je vais vomir. C'est nul ce pèlerinage...

CAMILLE

Vous êtes peut-être parti un peu trop vite, un peu trop tôt, sans entraînement c'est vachement dur au début.
— Mais non, c'est pas ça du tout ! Non, finalement je vais aller faire de la voile.
— Remarquez la voile, c'est dur aussi.
— Non mais ce truc de marcher là, ça me convient pas, c'est pour les beaufs.

Au loin arrive un petit tas de trois marcheurs.

ELSA

Oh dis donc mais qu'est-ce que je vois ? C'est pas Pierre là-bas ?

CAMILLE

Et y a Claude et Clara derrière aussi... Houhou ! Ça va ? Vous continuez finalement ?

PIERRE

Moi je continue. Eux, je sais pas.

CLAUDE

Nous aussi on continue.

Camille et Elsa sont très contentes, elles le montrent à leur façon, en poussant des petits cris.

PIERRE, au cadre France-Télécom
Y a un problème ?

ELSA
Il rentre chez lui, il va pas bien.

PIERRE
On peut faire quelque chose pour vous ?

LE CADRE FRANCE-TÉLÉCOM
Non non ça va.

PIERRE
Bon ben on vous laisse hein, on a du taf... Le papy vous salue bien...

CLARA
La mamie aussi...

CAMILLE
Toute la famille beauf vous salue bien...

Claude tape sur l'épaule du jeune homme en sifflotant le jingle de France-Télécom. Le jeune homme fait une sale tête.

Les autres reprennent la marche, en pleine forme.

ELSA
Eh, y a pas quelqu'un qui pourrait me prêter un appareil photo ?

Pierre fouille dans son blouson :

— Je dois avoir un jetable... Tenez...

ELSA
Merci, un jetable ça ira très bien. (Elle commence à mitrailler le cadre France-Télécom avec le jetable de Pierre...) Ça ne vous ennuie pas si je

prends quelques photos, c'est pour mon album ? Vous pouvez prendre une pose un poil plus sexy ? La tête renversée en arrière, la bouche ouverte... Allez, fais-moi voir ta petite langue sensuelle... Tu peux remonter ton pantalon, que je voie tes jolies jambes... Oh mais c'est qu'il était beau, c'est qu'il il était bandant ma grosse, grosse responsabilité...

Le cadre France-Télécom est vaincu :

— Bon ça va, arrêtez de vous foutre de ma gueule maintenant...

Elsa est sans pitié :

— Oh ! Il était fâché mon petit défi solitaire ? Il avait un gros challenge sur le cœur ?

Après quatre heures de montée, les Pyrénées dévoilent leur splendeur : des montagnes vertigineuses, des larges pentes recouvertes de pâturages que broutent des moutons aux pattes noires, et des chevaux sauvages à la chevelure rousse. À l'infini les lignes des sommets s'étendent comme un océan de vagues arrêtées.

Une pluie glacée s'est mise à tomber, qui enveloppe et transperce les marcheurs.

Les pèlerins sont éparpillés comme des fourmis isolées, chacun dans son combat, tous éreintés, tous seuls.

Les nuages coiffent les sommets, le brouillard s'épaissit, il semble que jamais ce splendide cauchemar ne s'arrêtera.

Pierre, qui n'est pourtant plus le dernier du groupe, a du coton dans les jambes, les pieds enflés, le dos laminé, le souffle court. Il se lâche, crie sa douleur à haute voix :

— Non mais quel con je suis... (Se singeant lui-même :) « Le papy vous salue bien »... J'aurais mieux fait de me taire oui, parce que le papy, il est bel et bien crevé le papy, comme un vrai papy de chez papy... Mais pourquoi j'ai dit que je continuais, mais quel con je suis... Dire que là je pourrais être tranquillement assis dans un wagon de première, en route pour Paris... (Hurlant dans le vent.) J'en ai marre ! C'est trop dur, c'est trop dur !

Une croix signale la fin de la montée, tous s'y retrouvent, s'y reposent.

Des milliers de pèlerins, depuis des siècles, ont déposé autour de cette croix des cailloux, des petits objets, rubans colorés, foulards, lunettes cassées, un vieux rasoir, des fleurs séchées, un paquet de cigarettes vide où est écrit en gros : « Aujourd'hui j'arrête », signes dérisoires qui racontent une présence : j'étais là, je vous fais un signe, j'ai souffert comme vous, j'ai passé l'obstacle, on est tous sur le même chemin.

Combien réconfortants sont ces signes pour celui qui marche. Culte païen et populaire d'une communauté qui invente ses rites en dehors des institutions, les traces qui jalonnent le chemin, monticules de pierres, flèches décorées, sculptures, fontaines marquées d'initiales, murs des gîtes couverts de messages pour ceux qui suivent, pour ceux qu'on a aimés et perdus de vue, sont autant de liens que cherche une humanité abrutie d'individualisme, assoiffée de sens.

Tous décrivent l'étape des Pyrénées comme la plus atroce du chemin, mais aussi la plus inoubliable, tous seraient prêts à la refaire demain.

Comme s'il fallait passer par le doute, l'enfer et la douloureuse plongée en soi-même, physique et morale, pour éprouver la beauté de l'existence.

Après une heure de descente qui leur brise les genoux, Mathilde, Ramzi et Saïd, débouchant dans une clairière, les jambes enfouies dans de hautes fougères, aperçoivent des bâtiments au fond d'une vallée.

RAMZI

Eh Saïd ! Je crois que c'est Roncevaux...

SAÏD

Guy ! C'est Roncevaux ?

Guy arrive en courant :

— Oui, c'est Roncevaux.

MATHILDE

On est arrivés ! C'est Roncevaux !

Les derniers les rejoignent, poussent des cris de joie.

RAMZI

C'est beau...

GUY

Attention, y a quand même encore huit cents kilomètres !

SAÏD

Hein ?

RAMZI

Y a combien encore ?

SAÏD

Huit cents, c'est pas peu...

Mais rien ne peut ternir leur joie d'en avoir fini avec cette étape de cauchemar et d'être encore tous ensemble.

Malgré ce qu'elle fait subir à leurs genoux flageolants, le reste de la descente se passe en un éclair.

Vu de loin le monastère a de l'allure, mais de près il n'a plus aucun cachet, rénové qu'il a été par des barbares sans goût.

L'Espagne, en sortant tardivement du Moyen Âge, puis du fascisme, s'est jetée à corps perdu dans un libéralisme et une industrialisation sauvages qui ont ravagé ses côtes, son patrimoine et sa campagne.

Le groupe atteint l'austère bâtiment, passe tout joyeux, riant et parlant fort, sous les voûtes qui mènent au bureau des pèlerins.

Ici commence le chemin espagnol, très pollué par un catholicisme rétrograde. Partout en Espagne il faut montrer patte blanche et credential pour avoir une place dans les gîtes, patte blanche au sens littéral.

À Roncevaux même, qui accueille des milliers de marcheurs venant de subir une terrible épreuve, tout le clergé et le personnel s'appliquent à faire une réception pourrie et méprisante aux pèlerins qui selon eux et la Sainte Église sont là pour en baver, et comprendre qu'ils ne sont que vile poussière en regard des nobles occupants des lieux. Il n'y a pas de réfectoire ni de repas des pèlerins. Les marcheurs épuisés sont obligés de manger dans un restaurant très cher qui jouxte l'abbaye et appartient au clergé. Il faut remplir un formulaire pour obtenir une place dans le gîte et si la foi catholique n'a pas été votre motivation principale pour entreprendre ce pèlerinage, vous pouvez avoir la mauvaise surprise d'être exclu du gîte, alors qu'il n'y a pas d'hôtel à moins d'une heure de marche.

Donc, dans le bureau, nos neuf marcheurs remplissent les questionnaires, tandis qu'un prêtre examine leurs credentials. Debout, ils attendent son verdict.

LE PRÊTRE

Si puede dormir aqui, pero no tengo bastante camas para todo la gente... (Il pointe les gens, un à un.) Un, dos, tres, quatro, cinqo, seis, si. (Montrant Guy, Said et Ramzi :) El, el y el, no, disculpe.

ELSA

Qu'est-ce qu'il dit ?

GUY

Il dit qu'il n'a que six places, et que Saïd, Ramzi et moi il ne peut pas nous loger.

PIERRE

Pourquoi nous et pas vous ?

GUY

De toute façon, ici c'est toujours comme ça... Il faut avoir le look du pèlerin standard, les bronzés ça ne passe pas.

Pierre devient blanc de rage.

— Dites donc monsieur le curé, nous là, nous, on a marché ensemble pendant huit cents kilomètres, et maintenant on forme un groupe, un groupe vous comprenez ? Comme des frères et sœurs vous comprenez ? Et des frères et sœurs on les sépare pas monsieur le curé, on les laisse ensemble, parce que c'est comme ça qu'ils peuvent avancer dans la vie, vous comprenez ?

Tout le monde est extrêmement surpris de la tirade de Pierre, en particulier Claude et Clara.

— Ben Pierre, qu'est-ce qui te prend ?

— Ta gueule.

— La tienne avant la mienne.

— Et nous c'est pareil monsieur le curé. Les bronzés et nous, c'est les doigts de la main vous voyez, on ne se sépare pas, c'est Guy, Saïd, Ramzi et nous tous, ou rien.

PRÊTRE

No hablo frances.

PIERRE

Qu'est-ce qu'il dit ?

Claude, très souriant :

— Il se fout de ta gueule.

Pierre pète un câble, un fusible et une durite.

Il s'approche du prêtre, menaçant :

— Espèce de curé pourri, tu veux que je te la casse ta gueule ? Y en a marre des curetons qui nous font chier à nous donner des leçons de conduite et qui se comportent comme des porcs. Il est mort

Franco, réveille-toi dugrocon, c'est fini le fascisme en Espagne.

Pierre emploie des gros mots quand il est très en colère, ce qui affaiblit un peu son discours. C'est qu'en dépit de son apparence duraille, il est un sentimental invétéré.

PRÊTRE

¿ Que dice ?

CLARA, très urbaine

Mon frère n'est pas toujours très rationnel, il est même parfois un poco irrationnel, comprendes ?

PIERRE

Ta gueule.

CLARA

La tienne avant la mienne.

PRÊTRE

¿ Que dice ?

CLARA

Il dit que vous êtes un conardo de première, et je pense qu'il a raison.

LE PRÊTRE

No comprendo...

PIERRE

Allez on s'en va, ce soir je paye l'hôtel à tout le monde.

Ils ne se le font pas dire deux fois, s'en vont, très contents. Seul Ramzi, qui comme d'habitude a un respect infini pour le personnel religieux quel qu'il soit, salue chaleureusement le prêtre, la main sur le cœur :

— Salam Aleikoum mon frère, et Allah Akhbar !

Ils s'éloignent vite de ce lieu inhospitalier. Guy a un plan, un hôtel de luxe où il a dormi une fois avec des clients riches, mais il faut marcher encore une heure.

— Vous suivez Pierre ?

Pierre suit « à fond les ballons ».

Arrivés dans l'hôtel de luxe, ils se répandent dans les couloirs en criant et riant. Après des semaines de régime « gîte », ils savourent les lits confortables, la moquette sous les pieds, les épais rideaux, les oreillers de plume, la solitude. Ils vident les mini-bars, regardent comme des veaux des programmes de télé débiles et surtout, surtout, se vautrent dans les bains, sous des montagnes de mousse. Allégresse générale.

La nuit, les rêves accourent en masse, heureux eux aussi de la bonne humeur des âmes dont ils ont la charge.

Dans une prairie, Claude danse le tango avec l'homme âgé de son précédent rêve.

Clara et Mingo marchent dans la nuit, accablés par le fardeau de lourdes valises. Des grappes d'enfants et des canards en laisse les suivent. Ils atteignent une porte posée sur l'herbe, l'ouvrent et découvrent des animaux exotiques sagement assis, souriants. Brusque soleil.

Mathilde est debout devant une table où sont posés deux gros œufs, un blanc et un noir. Elle les examine, ne sait lequel choisir.

Une lampe à la main, suivi de son groupe de pèlerins, Guy s'engage dans un labyrinthe végétal en forme de point d'interrogation dont il suit la spirale. Il trouve ainsi la sortie du labyrinthe où un grand œuf l'attend, dans lequel sourit le visage de Mathilde.

Saïd poursuit l'ombre d'une femme voilée de noir qui s'envole et franchit une rivière. Saïd arrive à la rivière, voudrait rejoindre l'ombre, n'ose pas sauter. Puis il se décide et vole sans encombre sur l'autre rive. Quand il touche le sol, l'ombre se transforme en un cheval sur lequel il monte et se met à galoper.

Camille est assise au bord d'une falaise tombant à pic sur l'océan, au couchant. Elle dénoue patiemment des boyaux emmêlés, sanglants, qu'elle donne à manger à un aigle.

Elsa secoue la grille d'un parc, mais la grille est cadenassée. Elle se plonge dans une baignoire remplie d'eau mousseuse, posée sur l'herbe. Aussitôt un diable à queue fourchue, à long nez rouge, s'approche, plonge sa main dans le bain, en ressort une grande clef qui ouvre le cadenas de la grille. Elsa s'enfuit avec le diable dans le brouillard de la forêt.

Pierre et Édith nagent dans un lac, assis dans des bouées géantes en forme de canard, peintes de couleurs vives. Ils s'éclaboussent et jouent avec l'eau.

Ramzi voit un grand A s'avancer vers lui, le A se transforme en une belle femme portant un voile jusqu'aux pieds. Elle le serre dans ses bras puis s'éloigne en lui disant au revoir de la main.

La femme s'enfonce dans la terre et disparaît.

Une semaine plus tard, commence la traversée de la Meseta qui veut dire « petite table » en espagnol. Doux euphémisme pour un plateau qui recouvre pratiquement toute l'Espagne, à plus de six cents mètres d'altitude.

Le chemin de Saint-Jacques traverse la Meseta sur environ trois cent cinquante kilomètres.

À perte de vue s'étendent des champs de blé industriels, et ceci du matin au soir pendant des jours.

Morne plaine après les fortes émotions montagnardcs.

Le pire c'est de voir à l'avance, du haut des vallons, étalées devant soi, les centaines de kilomètres de paysage monotone qu'il va falloir parcourir.

La relation entre Claude et Mathilde bat de l'aile.

CLAUDE

Ça fait deux jours que tu me dis rien, tu fais la gueule ?

MATHILDE

Non... Oui.

— Pourquoi ?

— Quand j'ai entendu que tu rentrais chez toi, l'autre jour, sur le pont de Saint-Jean-Pied-de-Port, j'ai reçu un coup de poignard dans le ventre. Je croyais pas que je t'aimais comme ça... Et puis j'en ai reçu un deuxième quand j'ai vu que t'étais si content de rentrer à Paris. Y a même pas eu un gramme de tristesse sur ton visage à l'idée de me quitter.

— T'exagères, la preuve c'est que je suis revenu.

— C'est pas pour moi que t'es revenu. Sur ce pont j'ai tout compris.

— Qu'est-ce que t'as compris ?

— Que toute ma vie j'ai couru après des mecs comme toi, que toute ma vie j'ai été malade, et que maintenant je suis guérie.

— Il faut pas confondre les mecs avec le cancer, le cancer il est plus méchant que les mecs quand même.

— Viens pas me donner des leçons sur le cancer. D'ici deux trois ans, quand tu auras le tien, celui qui est en train de pousser en douce dans ton foie et qui se régale de tout l'alcool que tu lui donnes, on pourra discuter maladie et enfer, on aura des choses à partager toi et moi. Maintenant, on n'a plus rien à se dire.

— T'as pas aimé les nuits qu'on a passées ensemble ?

— Et comment que je les ai aimées. Les plus belles nuits de ma vie. Mais la vie c'est pas que la baise, la vie c'est de vivre, toi tu veux mourir, pas moi.

— Je crois que je t'aime...

— Moi je *sais* que je t'aime, je te remercie pour tout, et surtout de m'avoir guérie de toi.

Leurs pas les ont amenés devant une fontaine au milieu de la place d'un village désert, aux maisons jaunes. Ils contournent la fontaine, chacun d'un côté différent.

Ainsi leurs chemins désormais divergeront.

Il fait si chaud que Saïd et Ramzi ont enroulé leurs tee-shirts sur leur tête pour se protéger du soleil. Ils avancent torses nus, beaux comme des seigneurs du désert enturbannés.

Ramzi est triste.

— Elle a pas eu de nouvelles de ma mère Elsa ?

— Non... La mère de Camille elle laisse des messages, mais ça répond pas.

— Qu'est-ce qu'elle fout ?

— Elle est peut-être allée dans sa famille...

— Peut-être qu'elle est malade...

— Pourquoi elle serait malade ?

— Des fois elle va à l'hôpital...

— Mais non...

Long silence.

— Eh Ramzi, faut que je te dise un truc... Je t'ai raconté des bobards.

— Je sais, on va pas à La Mecque.

— Non, on n'y va pas, mais t'as appris à lire...

— On va à Saint-Jacques-de-Compostelle ?

— Oui, c'est leur Mecque à eux.

— Clara elle m'a expliqué que c'était un salaud saint Jacques, le Matamore on l'appelait. T'sais ce que ça veut dire le Matamore ? Y mettait à mort les Maures, et t'sais c'est qui les Maures ? C'est les Arabes comme nous, y a des statues où on le voit, il tue un tas de rebeus comme nous !

— Ouallah ?

— Ouallah.

— C'est dégueulasse ça, je savais pas...

— Et Camille, tu crois qu'elle le sait que saint Jacques c'est ça ?

— Je sais pas...

— Tu crois qu'elle t'aime ?

— Ouais elle m'aime...

— Tu crois qu'elle aime les rebeus Camille ?

— Bien sûr...

— Tu crois qu'elle irait à Saint-Jacques le Matamore si elle aimait les rebeus ?

— Je sais pas...

— Qu'est-ce qu'on va lui dire à ma mère ?

Saïd, agacé par les doutes et les angoisses de Ramzi, qui finiraient par le contaminer, s'arrête, le regarde dans le blanc de l'œil et lui assène :

— Que tu sais lire.

Claude a perdu sa gaieté, Guy a retrouvé la sienne.

Sentant que Claude n'est plus dans la course, il se rapproche très prudemment de Mathilde, marche souvent à ses côtés.

— Et alors, comment ça va chez vous ? lui demande Mathilde.

GUY

Mal, pour moi. Très bien pour eux. Fred s'est installé à la maison. Mes gosses l'aiment beaucoup, ma femme aussi... Sa principale qualité, c'est qu'il est là tous les jours.

— C'est pas mal comme qualité.

— Oui.

— Ça va être dur la rentrée...

— Je sais pas si je vais rentrer moi...

— C'est terrible cette campagne ici, complètement pelée comme ça...

— C'est un pays chauve, malade. Y a plus de paysans, c'est les industriels qui gèrent la terre, les machines passent deux fois par an dans les champs, les villages sont vides. Y a tellement de pesticides dans le sol que quand vous avez le malheur de coucher une vache sur de la paille qui vient d'ici, elle attrape des maladies de peau. (Long silence.) Ça va, vous tenez le coup ?

— Comment ça ? Oui, très bien, pourquoi ?

— Non je veux dire vous sortez quand même d'un sale truc...

— Moi ? Pas du tout... Je vais très bien...

— Je vous ai vue sans votre foulard, vous êtes très belle chauve aussi.

Mathilde pleure brusquement.

Onze heures, c'est le cagnard, pas un gramme d'ombre, on passe sur un pont.

Camille et Saïd ferment la marche, assez loin des autres.

— J'en peux plus... On va se tremper les pieds dans la rivière ?

Saïd est très d'accord. Ils descendent près de la rivière. Camille dépose son sac et enlève son tee-shirt, se retrouve en short et débardeur, le ventre à l'air, belle comme le jour. Elle met ses jambes dans l'eau. Saïd la regarde de tout ses yeux.

— Purée, t'es belle...

— De quoi ?

— Je te kiffe grave.

— C'est mon cul que tu kiffes ?

— Grave.

— Attends, j'ai peut-être un cul que tu kiffes, mais moi je veux pas te plaire comme ça Saïd, ça m'intéresse pas. Je t'adore mais franchement ta culture de macho elle me fait gerber. Tu peux pas aborder une fille sans la traiter de meuf, la première chose que tu vois c'est si elle est canon ou pas...

— Mais pas du tout...

— Si, je suis sûre que t'es plus intéressé par mon cul que par ma tête. C'est ringard ça Saïd, ça fait caillera, et les cailles moi je leur crache à la gueule. Depuis que je suis née, les cailles je vis avec, parce que ma mère elle est directrice de collège dans le neuf-trois. Les cailles c'est des mecs qui se la pètent dans les rues à comparer leurs téléphones portables, à se vanter d'avoir fait ceci, d'avoir fait cela, et pendant ce temps c'est leur mère qui leur fait à bouffer, qui leur change leurs draps, et qui vont les voir en prison quand ils ont fait des conneries. C'est des exploiteurs de femmes, des assistés de la vie qui se prennent pour des caïds et qui détruisent leur propre communauté. C'est des sous-développés parce qu'ils ont pas compris qu'au XXIe siècle, c'est la guerre partout. Mais c'est pas seulement la guerre avec des armes, c'est surtout la guerre avec des cerveaux, et si tu veux t'en sortir dans cette jungle, t'as intérêt à avoir un maximum de cerveaux avec toi. Et comment tu veux la gagner la guerre de l'intelligence si tu enfermes la moitié de ta population à la maison à servir de bonniche, quand les autres ils leur font faire des études ? Comment tu veux être fort si t'as deux fois moins de combattants que les autres ?

Saïd encaisse cette attaque au canon avec chagrin.

— Et comment tu veux que la France elle la gagne la guerre de l'intelligence si elle laisse les rebeus sur le carreau alors qu'ils sont nés ici, qu'ils sont français de chez français, qu'y en a des milliers qui sont hyper-intelligents, qu'ont des diplômes et qui sont pas employés ?

— D'accord la France elle la perdra la guerre de l'intelligence si elle emploie pas tous ses cerveaux, ça c'est vrai, mais c'est pareil pour les musulmans avec les femmes, et si ils comprennent pas ça les musulmans, ils resteront des pauvres arriérés qui se feront niquer la gueule par tout le monde dans tous les pays. Quand les musulmans respecteront les meufs et les mettront à la direction des affaires, peut-être qu'ils s'en sortiront, sinon ils sont morts les mecs, morts et exploités.

— Putain de ta race comment tu me parles ? Qui t'es pour me parler çacom ? T'es une salope de féministe ou quoi ?

— La putain de ma race elle t'emmerde. Je suis

pas une putain, j'ai pas de race, j'ai un sexe. Si féministe ça veut dire que les humains sont tous égaux, alors oui je suis une salope de féministe. Et ta mère je la respecte plus que toi. Ta mère et toutes les mères arabes, je leur embrasse les pieds pour avoir supporté tous les machos de ta race depuis des siècles. Et si je te parle comme ça des musulmans, figure-toi que c'est parce que je les aime, c'est pas le contraire... Mais ceux qui veulent continuer à les exploiter les musulmans, t'inquiète pas qu'ils vont pas la leur dire la vérité, ils les flattent dans le sens du poil, ils les laissent dans leur merde, ils encouragent en cachette les plus fachos des intégristes avec leurs sermons dans les banlieues et leurs attentats pourris et comme ça le reste du monde les hait les musulmans, et eux ils peuvent continuer à les dominer, à les niquer et bientôt à déclarer la guerre totale contre eux pour avoir leur pétrole. Et toi aussi tu veux me niquer, tout ce que tu veux c'est t'amuser à baiser une nana qu'est pas rebeu, et plus tard t'épouseras une petite femme bien soumise bien voilée, tu lui feras plein d'enfants et elle aura plus qu'à fermer sa gueule à la maison, pendant que tu dépenseras ses allocations familiales dans les rues de la cité. Moi c'est pas mon truc ça, je suis pas une fille pour toi, va jouer avec les putains de ta race ou pas de ta race, mais moi tu me lâches.

— Attends, je savais pas que t'étais raciste comme ça... Mais comment t'as une image toute faite des gens, comment tu connais rien... Ma parole comment t'es traumatisée par Jean-Pierre Pernaud et son journal de treize heures à deux balles ! Parce que les choses il faut que tu les regardes avec tes propres yeux pour les juger... Et moi, tu vois pas tout ce que j'ai fait pour toi, comment je marche derrière toi depuis des jours et des jours, je marche, je marche et tu me parles comme ça ?

— Eh, Saïd, c'est pas pour moi que tu l'as fait tout ça hein, c'est pour toi... Moi je t'ai rien demandé moi.

— Eh ben vas-y demande-moi quelque chose, vas-y demande...

— Ah non moi je demande rien moi, je demande jamais rien à personne moi, ça coûte trop cher après.

— Qu'est-ce qui coûte trop cher ?

— L'amour. Je te demande rien, je te dois rien moi. Y a personne qui met la main sur moi et qui me dit ce que je dois faire OK ? Y a sonneper que j'aime pour qu'après il m'empêche d'être libre. L'amour c'est pas pour moi. Je rêve pas moi, je suis dans la réalité moi.

— Si tu rêves, tout le monde rêve, moi je rêve de toi moi et toi aussi tu rêves de moi, je le sais.

— Ouais ben c'est ça, rêve tant que tu veux, moi je rêve pas. Le rêve du beau petit kcum pour sortir en boîte, qui va me protéger tout ça, et puis du beau petit mari qui gagne bien sa vie, le rêve de l'appart' avec les enfants, la télé, le frigo, la baignoire et tout le souk, c'est pas pour moi ce rêve-là tu comprends ? Moi je la connais la réalité, la réalité t'sais c'est quoi ? T'es maquée, tu sors plus. Ton mec, il est au chômage. L'appart', il est ripoux et c'est toi qui le récures. Le frigo, il est vide et les enfants, c'est toi qui les torches. No future. Avec toi et les machos de ta race ou pas de ta race, no future pour nous. On laisse tomber les études, on sacrifie son boulot pour s'occuper des enfants, et à quarante-cinq balais on se retrouve toute seule à faire des ménages, parce que toi y a déjà longtemps que t'as disparu avec une jeune. Sans moi. J'y crois pas à tous les bobards de l'amour. Moi les keums je les prends, je les jette, c'est moi qui décide et je sacrifie rien pour personne. Et ce sera pareil avec les keums de ma race figure-toi. Et si je dois vivre seule toute ma vie, t'sais quoi ? Purée, ça me fera moins de repassage ! Pis pour ce qui est de la baise, j'en prends un quand j'ai envie, c'est pas les mecs en chaleur qui manquent ! Y a qu'à se baisser pour les ramasser. Et mon salaire il sera pour moi, rien que pour moi et mes enfants.

— Et comment tu les feras tes enfants ?

— Tu veux que je te fasse un dessin ? C'est pas de les faire qui est dur mon doudou... C'est après que ça commence les emmerdes, c'est juste quand vous êtes plus là.

— Je savais pas que t'avais ces idées-là...

— Tu savais pas ? Eh ben maintenant tu le sais. T'es moins amoureux hein ? Ça te refroidit hein ? Eh oui, mais c'est comme ça quand même.

— Non ça me refroidit pas du tout, parce qu'on n'est pas obligé de devenir comme tu dis, ça existe de s'aimer toute une vie, mais toi tu laisses pas leur chance aux gens, tous les rebeus ils sont pas ce que tu dis, c'est pas vrai...

— Non, tous les rebeus ils sont pas comme ça, j'ai dit les cailles.

— Et pis même si les cailles ils sont comme ça,

t'es qui toi pour les juger ? Tu sais comment ils rament, comment c'est plus dur pour eux, comment ils ont pas les mêmes chances que toi à l'école, comment ils se font tèj de partout, comment ils sont en colère ? Y a que des boulot de merde mal payés pour eux. Alors quoi, ils doivent croupir comme ça dans la misère pendant toute leur vie ? Mais leur vie ils en ont qu'une ! Et qu'est-ce que tu crois qu'ils veulent les cailles ? Ils veulent exactement la même chose que toi et que tout le monde t'sais, ils veulent un appart' correct, de l'électroménager, une bagnole, des fringues, sortir de temps en temps, partir en vacances et de l'espoir pour leurs enfants, c'est tout, c'est très simple. Mais quand tout est bouché pour eux, qu'est-ce qui leur reste pour vivre décemment ? Il leur reste les trafics et la dope, parce que ça ça paye, et vite. Et ils finissent en prison les trois quart du temps. Tu crois qu'ils aiment ça la prison ? Tu le sais ce que ça fait quand un père, il se rend compte qu'y a pas d'avenir pour ses enfants ? Parce que lui il vient ici, il est pauvre, il s'en fout de travailler, travailler, faire des sales boulots, parce qu'il a *l'espoir* que ses enfants ils vont vivre mieux, alors il supporte, mais s'il a plus l'espoir de ça, alors c'est quoi qui lui reste ?

— Mais y en a toujours de l'espoir...

— Non, on les prend quand on a besoin, après on les jette, y en a pas d'espoir pour eux.

— Si y en a. Y en a pas pour toi ?

— Si y en a, moi mon espoir c'est que tu m'aimes, si tu m'aimes, moi j'ai tous les espoirs, parce que moi je pourrais mourir pour toi.

— Ouais mon œil, c'est reparti pour la drague... Tu m'embêtes Saïd avec ton amour, c'est trop facile ça l'amour, c'est pas ça qui va te donner du boulot...

— Parce que tu crois que j'en veux pas moi du boulot ? Attends mais tu me connais pas, je suis bon en classe moi, des études j'en ferai, des diplômes j'en aurai plein les poches, j'en trouverai du boulot, je vais les harceler moi, je dormirai sur le paillasson s'il faut, jusqu'à ce qu'ils me prennent, y a pas moyen, je sais m'accrocher moi... T'as vu comment je marche là, tous les jours derrière toi ?

— Ben ça je le vois bien que tu sais t'accrocher...

— Et tu crois que c'est facile pour moi d'aimer une meuf comme toi, quand tous mes copains ils me disent laisse tomber, prends une fille de ta race ?

— J'espère bien que c'est pas facile... Je suis pas une fille facile moi.

— Mais attends, le plus facile, c'est pas d'aimer les gens t'sais, le plus facile c'est de *pas* les aimer, c'est ça le plus facile. Ça demande aucun effort ça, trop fastoche, je te connais pas, je t'aime pas, t'es un étranger, je t'aime pas. C'est comme ça que tout le monde fait, on est tous l'étranger de quelqu'un, va chier... Y en a *pas* de raison pour qu'on s'aime. C'est le contraire qu'est difficile, c'est de s'intéresser, de s'aimer, c'est ça qu'est difficile...

— Attends, qu'est-ce que me tu fais là ? Un sermon chrétien ? Aimez-vous les uns les autres et tout ça ? Réveille-toi, t'es musulman !

— Eh ben justement, les musulmans aussi ils expliquent ça, qu'on peut pas s'en sortir si on s'aide pas, si on partage pas...

— Ils expliquent ça les musulmans ?
— Ouais ils expliquent ça.
— Ils expliquent aussi à leurs meufs que c'est un crime d'épouser un non-musulman hein, plus raciste qu'eux tu meurs quand même...
— Et les chrétiens avec leur Saint-Jacques met-à-mort les rebeus ? Il est pas raciste lui ton Saint-Jacques ?
— Si.
— Mais les religions au départ elles ont été faites pour essayer que tout le monde se tape pas tout le temps sur la gueule...
— Ah oui, au départ. Mais à l'arrivée...
— Ben à l'arrivée...
— ... à l'arrivée tout le monde se tape tout le temps sur la gueule quand même hein.
— Ouais mais sauf nous...
— Qui nous ?
— Ben toi et moi...
— Si, nous on se tape tout le temps sur la gueule aussi, hein...
— Oui mais nous, c'est pas pareil, nous c'est parce qu'on s'aime.
— Y a vraiment rien qui peut te décourager.
— Non.
— Vraiment, absolument rien.
— C'est bien non ?
— Vachement.

Le groupe marche en ombre chinoise sur une terre brune, un seul petit arbre se détache sur le ciel.

En Espagne, les grandes villes croulent sous la surpopulation et les campagnes sont désertes. À cause de la chaleur, et aussi d'une longue tradition d'enfermement des femmes, tradition largement confortée par cinq cents ans d'occupation musulmane, les volets des maisons sont continuellement et hermétiquement clos, ce qui donne la pénible impression de traverser des villes hostiles, des villages morts.

Beaucoup de ces villages, autrefois des splendeurs qui n'auraient rien à envier à nos Lubéronades, sont en ruine, habités par quelques rares vieillardes et vieillards abandonnés et désespérés, qui ont vu, dans le seul petit temps de leur existence, la vitalité, la décadence et la mort du monde paysan de leur enfance, les ravages du fascisme, puis ceux de la libéralisation à outrance avec la fuite de leurs enfants vers les villes, le massacre de leur terre et de leurs traditions par les pesticides et les gros propriétaires, et qui attendent la mort en croupissant dans la misère.

Petites gens dignes et fières, assoiffées de contacts quand on ne les méprise pas, prêts à raconter, les yeux remplis de larmes involontaires, comment on a saccagé leurs vies. Oubliés du monde, ils sont des riens. Pantalons tenus par des bouts de ficelle, bouches édentées, corps noueux cassés par les travaux des champs de leur jeunesse, mains ridées appuyées sur des cannes, assis sur des chaises en paille devant leurs maisons, ils regardent passer les pèlerins, quelquefois avec hostilité, souvent avec bienveillance.

Quelques-uns de ces villages ont été restaurés, probablement pour rendre un peu présentable cette vitrine espagnole internationalement fréquentée qu'est devenu le chemin de Saint-Jacques. La honte d'étaler cette misère aux yeux des étrangers a motivé ce replâtrage à vocation touristique (y faisant fleurir la lèpre des distributeurs de Coca-Cola et des boutiques souvenirs) ou spéculative autour des grandes villes. En effet, après la frénésie du « tous à la ville », la bourgeoisie espagnole a commencé à découvrir, vingt ans après les pays du Nord, les joies de la résidence secondaire permettant de fuir une pollution exponentielle.

La spéculation immobilière va donc bon train, les prix montent, ce qui n'arrange pas les affaires de la population locale déjà exsangue.

Mais cette histoire-là est mondiale.

Tout le monde est épuisé par les rigueurs de la Meseta, sauf Mathilde et Guy qui cheminent gaiement.

Claude fait particulièrement la gueule.

Ramzi a compris qu'il y a eu une longue et décisive entrevue entre Camille et Saïd, il grille d'envie de connaître la suite du feuilleton de leurs amours. Mais les infos filtrent peu, ou assez déformées, et seulement quand ils sont assez loin des autres pour ne pas être entendus.

RAMZI

Alors ?

SAÏD, à voix basse

Elle m'a appelé mon doudou, et on a parlé d'avoir des enfants...

RAMZI, fou de joie

Non, des enfants ? C'est à ce point-là ? Psahtek !

Il saute au cou de Saïd, l'embrasse et le fait tournoyer dans ses bras.

Dans un champ de terre rouge, sèche et platissime s'étendant à perte de vue dans toutes les directions, le groupe pique-nique à l'ombre d'une petite charrette abandonnée, caduque.

Les marcheurs se serrent les uns contre les autres, l'ombre de la charrette les couvre à peine.

Guy, debout dans le soleil, en pleine forme, lance :

— Plus que treize étapes...

Tous le regardent en silence. Le saucisson est duraille.

Les pèlerins marchent dans une rue en ruine. Brume et pluie.

Ils ont mis leur « cape intégrale », qui recouvre aussi le sac à dos, et leur fait une silhouette de bossus.

Des chiens squelettiques rôdent, une croix bancale se dresse au milieu du chemin, des monceaux de pierres écroulées jalonnent les côtés de la rue, les rares toits sont faits de tôles et de cartonnages.

Seuls le gîte et le bar tiennent à peu près debout.

Claude a disparu.

GUY

Qui est-ce qui l'a vu pour la dernière fois ?

CLARA

Moi je sais bien où il est, mais je ne vais pas le chercher.

PIERRE

Moi non plus, on a réussi à pas trop se taper sur la gueule ces derniers temps mais si je m'en mêle...

GUY

Bon j'y vais.

Son regard croise celui de Mathilde, qui sait bien pourquoi Claude va mal, mais ne peut plus rien pour lui.

Tout le monde s'assied dans la gadoue, et attend, une pause est toujours bienvenue.

Guy se dirige vers le bar.

L'extérieur du bar a été décoré par des nostalgiques des années cinquante américaines quand triomphait le mythe du cow-boy et du ranch.

Sur les panneaux publicitaires écrits dans les caractères « Lucky Luke », on peut lire une avalanche d'informations supposées alléchantes pour le pèlerin fatigué de base : Bar, Cow-Boy, Meson, camino de Santiago, de lo bueno lo mejor, bocadillos, tapas, el mejor cafe del mundo, desayunos, Miko Nestlé, tutti pasta, esquisito jamon y buena compania, et sur un tableau à la craie : empanada, tortilla, callos, fabada, huevos, Schweppes, sopa (avec le dessin de la soupe fumante).

Sur le côté, deux planches formant un portail annoncent : sidra natural, embutidos. Une voûte bleue en contre-plaqué posée sur deux murs de parpaing indique l'entrée des W-C, du jardinet, et la présence d'« agua » qui « es potable beber ». Coca-Cola est omniprésent, *of course.*

La déco intérieure est tellement folle qu'il faudrait de nombreuses pages pour la décrire. Pour faire court, les murs sont constellés d'objets hétéroclites, poêles à frire, banderilles – inévitables en Espagne –, calebasses, tapis marocain, cloches, tableau d'une attaque de cow-boys à cheval brandissant leurs pistolets fumants, épis de maïs, chapeaux en grand nombre, de cow-boys évidemment, trophées de chasse, castagnettes – inévitables en Espagne...

Le véritable objet de culte de ces lieux tapisse le mur du fond : des bouteilles d'alcool en rang serré sur cinq étages. Toute la panoplie des bouteilles inventées à ce jour, formes et couleurs venues du monde entier, est exposée, prête à satisfaire les gosiers et les demandes les plus exotiques. Il y a même des bouteilles qui n'ont été inventées que pour ce bar-là, perdu dans le brouillard de ce village en ruine, bouteilles qu'on ne verra jamais plus ailleurs...

Par cette pluie, les pèlerins et les locaux se pressent à l'intérieur, le bar est bondé.

L'épaisse fumée de cigarette qui enveloppe les gens et les choses donne le sfumato du tableau et maintient l'endroit dans le flou du rêve.

L'Espagne, comme la France, est encore très sous-développée en matière de consommation de tabac, c'est-à-dire qu'elle engraisse allègrement les fabricants de cigarettes et l'industrie pharmaceutique en leur achetant très cher des années de vie en moins.

Les habitués du chemin des bars et les autochtones portent le niveau sonore de ce lieu à son maximum, dans une atmosphère très gaie.

Claude est au comptoir, ivre mort.

Guy s'approche de lui, Claude prend un air rigolard en le voyant :

— Ah tiens ! Voilà notre guide chéri !

— Salut... une bière, s'il vous plaît.

— Et un double whisky pour moi !

— Ça va ?

— Ça va... Vous venez me chercher ?

— Ouais... On se demandait où vous étiez.

— Au bar je suis, toujours au bar moi... Bar baise, baise bar... Ça, c'est la vie !

— Ben ouais...

Guy le regarde siroter son verre, il a pitié de Claude et de tous ceux qui habillent des couleurs de la provocation rebelle leur impuissance et leur veulerie.

Claude finit de siffler son double.

— Vous serez très bien avec elle.

Guy se tait.

— C'est un super coup au plumard... Enfin au plumard, c'était dans les champs plutôt.

Claude provoque encore. Guy reste impavide bien que son cœur batte la chamade à l'évocation de leurs ébats sexuels. Il pourrait le tuer, lui asséner des coups à lui éclater sa grande gueule de parasite, mais c'est exactement ce que Claude voudrait. Guy se contient, répète d'un air bonhomme :

— Ben ouais, dans les champs...

— Et elle sera très bien avec vous.

Claude cherche à vérifier s'ils sont déjà ensemble, quels sont leurs projets, comment ils s'aiment, recherche dérisoire et universelle de l'abandonné qui n'a plus prise sur rien. Guy est trop sage pour triompher, mais il respire la certitude intérieure, la certitude d'un amour qui veut se construire avec quelqu'un qui connaît comme lui la souffrance. Il dit simplement, sans avoir calculé l'estocade :

— On verra.

Claude s'écroule au sol, sans connaissance.

Le groupe attend toujours, assis dans la gadoue.

Guy arrive, portant Claude sur ses épaules, dans un demi-coma.

Pierre et Clara blêmes de honte et de pitié se précipitent et déchargent Guy de son fardeau, soutiennent leur frère qui peut à peine marcher, le portant comme un christ déchu descendu de sa croix éthylique.

Ils arrivent à Cruz de Hierro, la croix de fer entourée d'une montagne de millions de cailloux.

GUY

Vous faites comme vous voulez, mais normalement les pèlerins déposent une pierre au pied de cette croix.

ELSA

Pourquoi ?

— Pour rien, pour dire qu'ils sont passés là. Chaque pierre que vous voyez représente quelqu'un, depuis le Moyen Âge.

Pierre dépose une pierre, bientôt suivi par Ramzi et Saïd qui escaladent le monticule. Ramzi s'agenouille et accomplit le geste de déposer sa pierre avec recueillement.

Clara, rétive à toute manifestation religieuse attend qu'ils aient fini leur cirque et surveille Claude qui se remet lentement de sa cuite suicidaire et titube encore.

Ramzi murmure à l'oreille de Saïd :

— J'ai mis une pierre parce que c'est un peu pareil que les pierres qu'on doit jeter à Mina, après avoir fait le tour de la Kaaba.

— Ben ouais tu vois, finalement tout ça ça se ressemble...

En arrivant près de Manjarin, ils entendent une cloche sonner.

GUY

C'est le vieux fou du refuge de Manjarin.

Un refuge misérable apparaît dans la brume.

À la porte, un homme agite une cloche, et appelle

les pèlerins à venir se restaurer. Guy les met en garde :

— Là-dedans c'est la gastro assurée.

Personne n'a envie de s'arrêter, sauf Claude.

— J'y vais, j'ai soif.

Pierre se plante en face de lui :

— Non, t'y vas pas.

— Ben pourquoi ?

— Parce que c'est pas bon pour toi.

— Et alors ?

— Et alors t'y vas pas.

— Mais... Qu'est-ce qui te prend ?

Pierre ne répond pas, continue à marcher.

Clara prend Claude par le bras et l'entraîne sur le chemin.

À la surprise générale, Claude se laisse faire de bonne grâce.

Le vieux fou de Manjarin reste seul avec sa cloche.

Le groupe passe à Acebo, autre village désert, maisons basses, balcons en bois, une seule rue qui servait autrefois d'égout, une seule rangée de maisons de part et d'autre de la rue, et au-delà, la montagne à pic. Triste beauté.

Fatigue, dépression, les marcheurs demandent dans combien de temps on arrive, ils ont l'impression que cette partie humide et montagnarde du chemin ne finira jamais, d'autant que Saint-Jacques n'est plus qu'à quelques étapes.

Cent kilomètres avant Compostelle, le chemin se peuple de hordes de pèlerins de dernière minute, de cyclistes et de touristes, venus là pour obtenir la compostelle en parcourant le plus petit trajet possible.

La compostelle, sorte de brevet du pèlerinage, écrite en latin, est octroyée par le bureau des pèlerins à ceux qui ont marché au moins cent kilomètres avant Santiago (deux cents pour les cyclistes), la credential tamponnée servant de preuve.

Au bureau des pèlerins, pour obtenir cette fameuse compostelle, il faut en outre déclarer qu'on a fait le chemin pour des motifs religieux. Si vous n'êtes pas religieux et que vous avez la naïveté de le déclarer, la compostelle vous passe sous le nez.

Par contre, si vous mentez et dites que c'est par conviction religieuse que vous êtes parti, vous l'obtenez.

Certaines entreprises espagnoles demandent aux candidats à l'embauche s'ils ont fait le camino, et souvent la compostelle est un plus quand il s'agit de départager les candidats, d'où l'affluence de pèlerins sur les cent derniers kilomètres du parcours.

Le groupe arrive enfin à Monte do Gozo, le mont de la joie, ainsi nommé parce que c'est de ce point de vue qu'autrefois les pèlerins pouvaient apercevoir pour la première fois la ville de Santiago aux églises rongées de mousse.

La province de Galice était au Moyen Âge la fin du monde connu, la plus avancée des terres dans l'océan. On imagine la joie des pèlerins quand, après avoir côtoyé de grands dangers pendant des semaines de marche, ils voyaient se profiler au milieu des arbres et des champs, la dentelle dorée des tours de la cathédrale.

Ce mont de la joie est devenu un site hideux, où des artistes totalement nullards ont pondu un monument à la gloire de Jean-Paul II d'une telle monstrueuse laideur que la plus petite trace de joie s'éteint en le regardant.

De nos jours, on ne voit plus Santiago depuis Monte do Gozo, mais un gîte municipal concentrationnaire, et à perte de vue des immeubles en béton semblables à ceux qui entourent toutes les villes du monde.

GUY

Alors voilà Monte do Gozo, Montjoie, c'est là qu'autrefois les pèlerins explosaient de bonheur en voyant enfin la ville de Santiago et hurlaient « ultreïa et suseia », « toujours plus haut, toujours plus loin ». Ça, c'est le truc qui a été construit pour la visite du pape, une splendeur. Le gîte est juste en dessous.

RAMZI

C'est Saint-Jacques là ? C'est là où on devait aller pour le pèlerinage ? On est arrivés ?

GUY

Oui, on est arrivés.

Explosion de joie de Ramzi.

Tout le monde descend vers le gîte, sauf les quatre plus jeunes.

Ramzi grimpe au sommet du monument à la gloire du pape et crie, bras ouverts en V de la victoire :

— Ultreïa, suseia ! On l'a fait, on y est arrivé, on est à Santiago ! On l'a fait à pied, on est les plus forts ! Vive nous ! Saïd, appelle ma mère, dis-lui que je sais lire et qu'on est arrivés à Saint-Jacques-La-Mecque... Allah Akhbar ! Allah Akhbar !

Saïd demande à Elsa son portable pour appeler la mère de Ramzi. Il y a du réseau mais elle a oublié de le recharger au gîte, sa batterie est presque à plat.

Elsa et Camille rejoignent Ramzi pour voir comment il a pu escalader le monument.

Saïd compose un numéro.

— Allô... Ah... Ça va ? C'est Saïd... Oui... Je t'appelle de... de loin. Est-ce que je peux parler à la mère de Ramzi ?

Quelqu'un lui répond.

Le visage de Saïd se décompose, il écoute sans pouvoir parler... bip de fin de batterie, ça coupe.

Ramzi et les filles sont revenues, Saïd, comme paralysé, rend son téléphone à Elsa.

RAMZI

Passe-moi ma mère, passe-la-moi, passe-la-moi...

— Y a plus de batterie, ça a coupé, on l'appellera du gîte...

Ramzi gambade vers le gîte, heureux.

Camille remarque que Saïd ne va pas bien.

Ils se retrouvent tous dans l'immense casernement concentrationnaire capable d'accueillir deux mille personnes, pourvu d'une place bétonnée, de boutiques souvenirs, de laveries automatiques, de restaurants self-service et fast-food, de distributeurs de billets. Atterrissage de face plein pot dans les joies du « monde libre ».

Les alignements de cubes préfabriqués où dorment les pèlerins se succèdent.

Zéro poésie, total commerce.

Dans une des allées, au loin, on voit apparaître les trois Hollandais rencontrés sur le chemin quelques semaines plus tôt. Pierre s'arrête net :

— Attendez, c'est pas les Hollandais ronfleurs ça ?

GUY

Ah si... Je crois bien que si...

PIERRE

Ah non moi je ne dors pas ici, pas avec eux...

GUY

On sera peut-être pas avec eux...

PIERRE

Ah non, on peut pas risquer ça. Je vous invite tous au Parador de Santiago, ça nous fait une heure et demie de marche en plus, mais moi je ne passe pas une autre nuit de cauchemar près d'eux, ça non.

Enthousiasme général à l'idée de goûter les baignoires du Parador.

Les Hollandais se rapprochent, et reconnaissant leurs amis de la folle soirée d'orage dans l'école, se jettent sur eux en les embrassant et en leur envoyant des grandes claques dans le dos. Tout le groupe les salue chaleureusement, Pierre, très hypocrite, se montre particulièrement aimable, il lève les bras au ciel en signe de bonheur, enfin vous revoilà, vous si sympathiques !

Puis les Hollandais continuent leur chemin en disant des choses que personne ne comprend, gute quelque chose, auf quelque chose, Parador quelque chose, on se sépare avec des sourires jusqu'aux oreilles...

Les neuf marchent donc jusqu'à Santiago et vont tout de suite au bureau des pèlerins prendre leur compostelle. Bien avertis par Guy, tous déclarent avec ferveur qu'ils ont fait le chemin pour la raison qu'ils ont la sainte foi catholique, apostolique, romaine et tutti quanti chevillée au cœur. On est obligé de donner en douce à Ramzi des coups de coude dans les flancs pour qu'il ne braille pas des Allah Akhbar toutes les cinq secondes dans ce haut lieu de la catholicité.

Il ne peut malgré tout pas s'empêcher d'en sortir un tonitruant au moment où il reçoit sa compostelle, au grand dam des employés. Il saute au cou de Clara et l'embrasse comme si elle était sa mère. Tous jubilent.

Saïd ne va vraiment pas bien.

Ils se promènent dans Santiago, avec ses arcades, ses fontaines, ses moucharabiehs accrochés aux maisons étroites, et ses centaines de pèlerins et d'étudiants qui circulent dans des rues vivantes et gaies. Ils traversent la place de l'Obradoiro d'un pas rapide pour entrer dans le Parador, palais jouxtant la cathédrale et qui était autrefois un hôpital pour les pèlerins.

Le Parador est construit autour de quatre patios

ornés de fontaines et de jardins, la splendeur de l'architecture espagnole y a été respectée et magnifiée. Pour les riches on restaure, pour le pèlerin de base, le béton fera l'affaire.

C'est pourtant le pèlerin de base qui fait la richesse de la ville de Santiago et son renom international.

Le groupe se répartit dans les chambres payées par Pierre en admirant le mobilier moyenâgeux, le luxe de la literie, les salles de bain grandes comme des deux-pièces-cuisine, les galeries dont les fenêtres donnent sur les jardins aux allées de buis.

Une fois les portes des chambres refermées, le couloir feutré du Parador retrouve son silence.

Guy sort de sa chambre, s'assure que personne ne le voit, va discrètement frapper à une porte. Mathilde lui ouvre, Guy disparaît à l'intérieur de la chambre.

Ramzi est déjà en train de se faire couler le bain du siècle. Saïd, qui partage sa chambre, s'effondre dans un fauteuil, la tête dans ses mains.

Ils se retrouvent tous pour la messe de l'encensoir ou botafumeiro.

Plus de mille cinq cents personnes se pressent dans la nef et le transept de la cathédrale. Après une messe passablement ennuyeuse qu'il faut subir sans broncher si l'on veut manger le dessert, le spectacle commence.

Au bout d'une corde accrochée au sommet du dôme à plus de vingt mètres de hauteur, pend un encensoir géant en laiton doré pesant quatre-vingts kilos. Cet encensoir, le botafumeiro, est mis en mouvement par huit hommes en manteaux rouges, les tiraboleiros, qui le font se balancer comme un pendule dans toute la longueur du transept. Ils donnent du mou aux points les plus hauts, et lorsque l'encensoir atteint le point bas du ballant, ils tirent de toutes leurs forces sur la corde divisée en huit en son extrémité, pour lui donner de la hauteur. Ainsi l'oscillation s'amplifie à chaque passage jusqu'à atteindre le sommet de la voûte de l'église, la corde étant alors horizontale et formant un arc de soixante-cinq mètres tout au long du transept, depuis la porte de la Azabachería jusqu'à celle de Platerías. Le botafumeiro passe au ras du sol à une vitesse de soixante-huit kilomètres à l'heure et répand dans son sillage une fumée d'encens qui parfume toute la cathédrale. Ce rite impressionnant est d'ailleurs venu de la nécessité au Moyen Âge de désinfecter l'église remplie de pèlerins qui ne s'étaient pas lavés depuis des semaines. Il semble que l'odeur ait été difficile à supporter.

De nos jours encore, les pèlerins arrivant à Saint-Jacques, les vrais, ceux qui ont marché mille huit cents kilomètres et dormi dans les gîtes, ont une odeur très particulière. On ne peut pas dire qu'ils sentent mauvais, mais ils sentent l'animal humain, une odeur naturelle assez forte, non dépourvue de charme, totalement occultée en temps normal par l'acharnement hygiéniste de nos sociétés où la peur des odeurs vivantes du corps enrichit les parfumeurs et des marchands de produits ménagers.

Le pèlerin, qui a jeté tout poids inutile et ne s'est

savonné que lorsque les gîtes surbookés de la fin du parcours le lui permettaient est donc, ainsi que ses habits, son sac et toutes ses affaires, imprégné d'une odeur très spéciale qui ne se sent que sur le chemin de Saint-Jacques et qui saute aux narines lorsqu'on la reconnaît. Les pèlerins eux ne la sentent plus.

Cette cérémonie du botafumeiro, sorte d'orgasme collectif symbolisé par l'ascension toujours plus haute de cet objet se balançant dans une cavité sacrée, a un impact très physique sur l'auditoire qui se met à applaudir frénétiquement à la fin du spectacle. On peut alors lire sur les visages des prêtres officiants la réprobation et la mauvaise humeur contre le bas peuple qui confond show télévisé et rite religieux. Le clergé déteste toutes les manifestations païennes de plaisir brut, mais le problème c'est qu'il en profite tout de même largement car le public est nombreux et la collecte juteuse lors de ces cérémonies. Le clergé laisse donc applaudir et continue cette belle tradition du botafumeiro.

Une des choses les plus pathétiques dans l'Église catholique moderne est la pauvreté de la musique qu'on peut y entendre. Les cérémonies religieuses ont inspiré quelques-unes des plus belles partitions que l'humanité ait produites, mais on assiste de nos jours dans les églises, comme lors de la messe avec « botafumeiro » à Santiago, à une tragique dégénérescence musicale.

Là, au lieu des centaines d'œuvres somptueuses qu'on pourrait donner, on entend la pauvre voix blanche et asexuée d'une bonne sœur béate qui fait pitié en chantant des mélodies insipides à peine dignes de la *Star Ac'*.

Les orgues espagnoles, et en particulier celles de Santiago, sont célèbres dans le monde entier, pour leurs trompettes « en montre » sortant horizontalement du buffet sculpté et pour un répertoire d'une richesse inouïe, eh bien non, l'organiste est prié de jouoter deux ou trois cantiques et d'accompagner ces messieurs-dames les officiants dans leurs mélopées bas de gamme.

Quel supplice ce doit être pour un organiste possédant dans ses mains et ses oreilles les chefs-d'œuvre du répertoire après des années d'études ardues, que de devoir accompagner sur un instrument de rêve, sœur sourire et père rabat-joie en do majeur dans « Et avec votre esprit ».

Il est vrai que si l'on jouait une belle partition de Haendel avec solistes, chœur et orchestre, l'orgasme atteindrait des proportions proprement ingérables.

Cela coûterait en outre fort cher. Enfin, cela coûterait à peu près le prix que rapporte cette cérémonie maintes fois répétée. Mais l'Église, comme toute multinationale qui se respecte, est là pour faire des profits, pas de la philanthropie ni de l'art. Et pourtant, même un enregistrement vaudrait mieux que la chanteuse maison.

Il n'y aura donc jamais plus de musique digne de ce nom dans les églises, elle sera remplacée par les voix gluantes de sentimentalité et dépourvues de technique des bénévoles qui continueront à ânonner leurs trois notes avec des airs d'humbles servantes.

Puisque l'Église veut tout de même tirer profit de

quelques-uns de ses spectacles de masse, elle devrait en laisser la mise en scène à des professionnels qui sauraient rendre le public heureux tout en remplissant les caisses. Mais l'Église ne veut pas rendre les gens heureux, elle les veut coupables.

Après la cathédrale, nos amis se payent un repas copieux au restaurant du Parador installé sous une longue voûte en pierre. Ils portent des toasts à leur pèlerinage et surtout à Guy à qui ils expriment enfin leur reconnaissance.

Guy, très surpris de se voir un peu et même très aimé, lui qui en doutait tant, a les larmes aux yeux. Mathilde est heureuse.

Claude n'en est plus au chapitre de la jalousie, mais à celui de la séparation d'avec le groupe. Il se demande soudain comment il va pouvoir vivre sans ces huit personnes, y compris son frère et sa sœur, avec qui il a tant bien que mal appris à cohabiter et partagé des moments indicibles. Il aime encore Mathilde, mais il éprouve aussi beaucoup d'amitié pour Guy. Il ne regrette pas son histoire individuelle de couple, il pleure dans son cœur une aventure collective qui l'a emmené là où il ne croyait pas pouvoir aller. Il boit et boira toujours autant, mais quelque chose s'est tout de même reconstruit en lui, il a hâte de revoir sa fille.

La nuit tombe, les réverbères orange s'allument, il fait chaud, Ramzi et Elsa gambadent dans les larges escaliers qui descendent de place en place, s'aspergent le visage aux fontaines, saluent fraternellement les autres pèlerins.

Le groupe est compact, aucun d'entre eux n'a envie de partir de son côté, la séparation approche, ils restent ensemble.

Camille ne sait comment entrer en contact avec Saïd qui a l'air mal en point mais donne le change vis-à-vis du reste du groupe. Saïd ne veut pas, ne peut pas parler.

Vers minuit ils rentrent au Parador.

Clara et Pierre ont des chambres mitoyennes, dans une aile éloignée des autres. Arrivés dans leur couloir, ils se disent bonsoir sèchement, leurs relations sont encore tendues.

Au moment où ils entrent chacun dans leur chambre, un bruit familier se fait entendre, une sorte de vacarme flamand...

Pierre et Clara se retournent : les trois Hollandais surgissent au bout du couloir, très gais, un peu éméchés, bruyants.

Pierre en a le souffle coupé.

Les Hollandais s'approchent, reconnaissent Pierre et Clara et les saluent de nouveau avec des hurlements de joie, de fortes claques dans le dos, et un flot de paroles qui veulent probablement dire des choses comme : vous ici, ça alors, incroyable, magnifique, nous sommes voisins, vous êtes si sympathiques, le gîte on en avait marre, on a décidé d'aller au Parador pour notre dernière nuit de pèlerinage, vous aussi, ça c'est fort, finalement on ne se quitte plus, incroyable...

Pierre ne comprend rien, mais devine.

Par contre, lorsque les Hollandais entrent dans leur chambre, une pour les trois, Pierre comprend cinq sur cinq que c'est la chambre mitoyenne de la sienne.

Son moral en prend un sale coup.

Une fois dans leur chambre, les Hollandais entonnent « Hey la bombak, Hey la bombak es kapot », célèbre chant populaire flamand que Pierre connaît bien depuis la soirée dans l'école, et là il craque.

Foulant aux pieds son orgueil, il se dirige, fumant de rage, vers la chambre de sa sœur. Il lève la main pour frapper à sa porte, mais se rétracte au dernier moment, furieux d'avoir à lui demander quelque chose. Il jette un œil assassin vers la chambre des Hollandais. Des effluves sonores de « la bombak » et de rires massifs lui parviennent, la nuit va être molto agitata !

Pierre renonce au supplice d'une nouvelle nuit blanche, se résigne à demander l'hospitalité à sa sœur. Il lève de nouveau la main pour frapper à sa porte, mais avant même qu'il ne l'atteigne, celle-ci s'ouvre. Clara a tout deviné, elle lui fait signe d'entrer d'un geste de la tête.

Sans un mot, raide comme un passe-lacet, Pierre entre chez Clara et attend ses instructions.

Il y a deux magnifiques lits à baldaquin, Clara lui fait signe d'en prendre un.

En silence il va vers le lit, le défait, se trouve nez à nez avec Clara qui défait aussi le sien, gêne... ils s'embrassent brièvement, se disent bonsoir.

Plus tard, au milieu de la nuit, debout dans le couloir désert du Parador, Saïd sanglote dans les bras de Camille.

Le lendemain, ils prennent le bus qui les emmène à Fistera voir la plage où l'on jette son bâton dans la mer pour signifier qu'on a vraiment fini le pèlerinage.

Dans le bus, ça rigole et ça chahute.

À l'avant, Clara Claude et Ramzi lisent un guide touristique. Ramzi ânonne de moins en moins, il est fier de montrer ses progrès à Claude.

RAMZI

Nous aperçûmés...

CLARA

Nous aperçûmes.

— ... Nous aperçûmes la ville tant attendue de Saint Jacques. Nous nous mîmes à genoux et commençamé à verser...

— Commençâmes...

— ... Commençâmes à verser des larmes de joie et à chanter le toum doum...

— ... Le Te Deum, c'est du latin.

— ... Le Te Deum... Mais nous ne pouvions prononcer aucune parole, à cause des larmes qui sortaient de nos yeux...

Claude est épaté, il rit.

À l'arrière du bus, Saïd est en larmes, Camille serre sa tête contre son cœur, l'embrasse, elle aussi en larmes.

Le groupe s'est arrêté sur la dune de Fistera, en contrebas, la mer et la plage.

Guy explique que c'est la pointe extrême de l'Europe, la fin de la terre.

Saïd et Ramzi sont déjà loin sur la plage, en train de courir au bord de l'eau.

Camille se décide à parler au groupe :

— La mère de Ramzi est morte, Saïd il le lui a pas encore dit.

Tout le monde est soufflé, abasourdi.

En bas sur la plage, Saïd s'approche de Ramzi et lui parle.

Ramzi se fige, l'écoute, puis se bouche les oreilles et part en courant dans tous les sens, comme un possédé.

Saïd ne bouge plus.

Les vagues à l'écume dorée se fracassent sur le sable, le vent emporte les cris de Ramzi dans l'immensité du ciel.

Épilogue

Quelques jours plus tard, Pierre, Claude et Clara marchent dans l'allée de platanes du parc qui mène à la maison de leur mère.

Me Dorlaneau, le notaire, trottine à côté d'eux, essoufflé, en sueur.

Il peine à suivre le rythme incroyablement rapide qu'imposent sans s'en rendre compte les frères et sœurs surentraînés, minces et musclés, en pleine forme.

— Alors tous les papiers sont là, j'ai préparé vos chèques... Votre mère a pensé que ce serait bien que vous reveniez une dernière fois chez elle, dans votre maison d'enfance avant qu'elle ne soit vendue...

Ils se dirigent tous les quatre vers l'escalier en pierre qui mène à la maison.

Sur la façade ensoleillée, quelque chose a bougé à une fenêtre du premier étage.

Une main ridée, fatiguée, à taches brunes et veines saillantes écarte le rideau de dentelle de la fenêtre. Le visage d'une vieille dame apparaît.

Elle se marre bien.

*

Mathilde, sans son foulard, un fin casque de cheveux très courts recouvrant son crâne, et Guy marchent sur un chemin, enlacés.

Devant le café en face du lycée, Claude donne une enveloppe pleine de sous à sa fille Sarah et l'embrasse. Ils partent ensemble, bras dessus bras dessous.

Pierre et Édith, portant des sacs à dos, des chapeaux et des bâtons de randonneurs, descendent une route déserte d'Aubrac. Ils marchent d'un bon pas, Pierre parle beaucoup, raconte, Édith l'écoute et sourit.

Elsa entre dans une poste, se présente à un guichet avec un pli à poster.

En face d'elle se trouve un employé qui la regarde, bouche bée, c'est le cadre France-Télécom.

Elsa s'enfuit en courant.

Clara et Ramzi descendent de voiture devant le pavillon de banlieue de Mingo et Clara, sortent du coffre une valise et quelques sacs, entrent dans le jardinet.

Sur le pas de la porte, Mingo et les enfants les attendent.

Des pancartes-manifs sont accrochées dans le jardin et sur la façade de la maison, sur lesquelles on peut lire, de la main d'enfants et d'adultes : « Bienvenue à

Ramzi », « Vive Ramzi », « La chambre de Ramzi est prête », avec des dessins illustrant les slogans.

Mingo serre Ramzi dans ses bras.

Saïd et Camille discutent avec animation, en marchant dans les rues d'une cité du neuf-trois.

Saïd s'arrête, prend le visage de Camille dans ses mains et lui vole un long baiser, qu'elle finit par lui rendre passionnément.

Composition et mise en page

NORD COMPO
multimédia

CET OUVRAGE
A ÉTÉ ACHEVÉ D'IMPRIMER
SUR ROTO-PAGE
PAR L'IMPRIMERIE FLOCH
À MAYENNE EN SEPTEMBRE 2005

N° d'éd. FF848701. N° d'impr. 63874.
D. L. : octobre 2005.
Imprimé en France